“十三五”国家重点图书出版规划项目

赵智奎　主编

我们的
核心价值观

| 公民篇 |

王永磊　著

黄山书社

图书在版编目(CIP)数据

我们的核心价值观·公民篇/赵智奎主编.王永磊著.—合肥:黄山书社,2016.12

ISBN 978-7-5461-6059-7

Ⅰ.①我… Ⅱ.①赵… ②王… Ⅲ.①社会主义建设-价值论-中国-通俗读物 Ⅳ.①D616-49

中国版本图书馆 CIP 数据核字(2017)第 000256 号

我们的核心价值观·公民篇
WOMEN DE HEXIN JIAZHIGUAN GONGMIN PIAN

赵智奎 主编 王永磊 著

出品人 王晓光
策　划 马 磊 高 杨
责任编辑 张月阳
责任印制 李 磊
装帧设计 观止堂_刘俊
出版发行 时代出版传媒股份有限公司(http://www.press-mart.com)
黄山书社(http://www.hspress.cn)
官方直营书店(http://hsssbook.taobao.com)
营销部电话:0551-63533768 63533788
(合肥市蜀山区翡翠路 1118 号出版传媒广场 7 层 邮编:230071)
经　销 新华书店
印　制 安徽国文彩印有限公司

开本 880×1230 1/32 印张 7.25 字数 150 千字
版次 2016 年 12 月第 1 版 2017 年 12 月第 2 次印刷
书号 ISBN 978-7-5461-6059-7 定价 26.00 元

总　序

赵智奎

党的十八大以来，以习近平同志为核心的党中央，站在新的历史起点上科学把握时代大趋势，在治国理政的实践中，团结带领全国各族人民，紧紧围绕实现“两个一百年”奋斗目标和中华民族伟大复兴的中国梦，提出了一系列新观点、新论断、新要求，开辟了治国理政新境界，开创了党和国家事业发展新局面，形成一系列治国理政的新理念新思想新战略，丰富和发展了中国特色社会主义。

习近平总书记系列重要讲话形成了系统完整的思想理论体系，是中国特色社会主义理论体系最新成果，是马克思主义中国化最新成果。习近平总书记以21世纪中国马克思主义创新的巨大理论勇气，科学地回答了新一代马克思主义者面对的时代课题与实践挑战，以实现中华民族伟大复兴为居于引领地位的宏伟奋斗目标和凝聚13亿多中国人民的共同梦想，在中国特色社会主义的必由之路上，协调推进“四个全面”战略布局，牢固树立“五大发展”

理念，统筹推进政治、经济、文化、社会、生态文明五位一体建设，发展和创新马克思主义及中国特色社会主义，升华了马克思主义发展新境界，续写了中国特色社会主义事业新篇章。

呈现在读者面前的《我们的核心价值观》丛书，就是在上述背景下撰写和推出的。这是努力以习近平总书记的系列重要讲话精神为指导，尽力结合以习近平同志为核心的党中央治国理政新理念新思想新战略，试图以通俗的方式阐述社会主义核心价值观的丛书，分《总论篇》《国家篇》《社会篇》《公民篇》四册来解读。我们希望在思想理论界以往的社会主义核心价值体系研究、社会主义核心价值观研究的基础上，结合十八大以来新的发展形势，写出一些新意。

我们看到，党的十八大以来，党中央高度重视培育和践行社会主义核心价值观。习近平总书记多次作出重要论述、提出明确要求。中共中央政治局围绕培育和弘扬社会主义核心价值观、弘扬中华传统美德进行集体学习。中共中央办公厅下发《关于培育和践行社会主义核心价值观的意见》，中共中央办公厅、国务院办公厅还联合印发了《关于进一步把社会主义核心价值观融入法治建设的指导意见》。党中央的高度重视和有力部署，为加强社会主义核心价值观教育实践提供了遵循依据，指明了努力方向。

社会主义核心价值观是习近平总书记系列重要讲话的重要内容，是以习近平同志为核心的党中央治国理政的重要内容。培育和践行社会主义核心价值观，用社会主义核心价值观凝心聚力，正在成为我们时代的文化最强音。

社会主义核心价值观是党的十八大提出的，即富强、民主、文明、和谐，自由、平等、公正、法治，爱国、敬业、诚信、友善。这24个字把涉及国家、社会、公民三个层面的价值要求融为一体，全面呈现了我们的国家、我们的社会、我们的公民应有的精神面貌与内在气质。

要把社会主义核心价值观内化于心、外化于行，就必须将习近平总书记关于社会主义核心价值观的一系列重要论述，贯彻到我们的工作与生活中去。

社会主义核心价值观与我们每个人的道德修养紧密相关。习近平总书记在2013年全国宣传思想工作会议上的讲话中指出："要加强社会主义核心价值体系建设，积极培育和践行社会主义核心价值观，全面提高公民道德素质，培育知荣辱、讲正气、作奉献、促和谐的良好风尚。"他还于2013年在山东考察时指出："国无德不兴，人无德不立。必须加强全社会的思想道德建设，激发人们形成善良的道德意愿、道德情感，培育正确的道德判断和道德责任，提高道德实践能力尤其是自觉践行能力，引导人们向往和追求讲道德、尊道德、守道德的生活，形成向上的力量、向善的力量。只要中华民族一代接着一代追求美好崇高的道德境界，我们的民族就永远充满希望。”

社会主义核心价值观体现当代中国人对世界的精神贡献。2013 年 12 月，习近平总书记在中共中央政治局第十二次集体学习时的讲话中指出：“当代中国价值观念，就是中国特色社会主义价值观念，代表了中国先进文化的前进方向。我国成功走出了一条中国特色社会主义道路，实践证明我们的道路、理论体系、制度是成功的。要加强提炼和阐释，拓展对外传播平台和载体，把当代中国价值观念贯穿于国际交流和传播方方面面。中国梦的宣传和阐释，要与当代中国价值观念紧密结合起来。中国梦意味着中国人民和中华民族的价值体认和价值追求，意味着全面建成小康社会、实现中华民族伟大复兴，意味着每一个人都能在为中国梦的奋斗中实现自己的梦想，意味着中华民族团结奋斗的最大公约数，意味着中华民族为人类和平与发展作出更大贡献的真诚意愿。”

社会主义核心价值观是当代中国文化软实力的核心体现。2014 年 2 月，习近平总书记在中共中央政治局第十三次集体学习时的讲话中指出：“核心价值观是文化软实力的灵魂、文化软实力建设的重点。这是决定文化性质和方向的最深层次要素。一个国家的文化软实力，从根本上说，取决于其核心价值观的生命力、凝聚力、感召力。培育和弘扬核心价值观，有效整合社会意识，是社会系统得以正常运转、社会秩序得以有效维护的重要途径，也是国家治理体系和治理能力的重要方面。历史和现实都表明，构建具有强大感召力的核心价值观，关系社会和谐稳定，关系国家长治久安。”

社会主义核心价值观具有深厚的中华优秀传统文化根基。正如习近平总书记2013年3月在十二届全国人大一次会议闭幕会上的讲话中所指出的：“中华民族具有5000多年连绵不断的文明历史，创造了博大精深的中华文化，为人类文明进步作出了不可磨灭的贡献。经过几千年的沧桑岁月，把我国56个民族、13亿多人紧紧凝聚在一起的，是我们共同经历的非凡奋斗，是我们共同创造的美好家园，是我们共同培育的民族精神，而贯穿其中的、最重要的是我们共同坚守的理想信念。”在2014年2月中央政治局第十三次集体学习时，习近平总书记谆谆告诫我们：“培育和弘扬社会主义核心价值观必须立足中华优秀传统文化。牢固的核心价值观，都有其固有的根本。抛弃传统、丢掉根本，就等于割断了自己的精神命脉。博大精深的中华优秀传统文化是我们在世界文化激荡中站稳脚跟的根基。中华文化源远流长，积淀着中华民族最深层的精神追求，代表着中华民族独特的精神标识，为中华民族生生不息、发展壮大提供了丰厚滋养。中华传统美德是中华文化精髓，蕴含着丰富的思想道德资源。不忘本来才能开辟未来，善于继承才能更好创新。对历史文化特别是先人传承下来的价值理念和道德规范，要坚持古为今用、推陈出新，有鉴别地加以对待，有扬弃地予以继承，努力用中华民族创造的一切精神财富来以文化人、以文育人。要讲清楚中华优秀传统文化的历史渊源、发展脉络、基本走向，讲清楚中华文化的独特创造、价值理念、鲜明特色，增强文化自信和价值观自信。要认真汲取中华优秀传统文化的思想精华和道德精髓，大力弘扬以爱国主义为核心的民族精神和以改革创新为核心的时代精神，深入挖掘和阐发中华优秀传统文化讲仁爱、重民本、守诚信、崇正义、尚和合、求大同的时代价值，使中华优秀传统文化成为涵养社会主义核心价值观的重要源泉。要处理好继承和创造性发展的关系，重点做好创造性转化和创新性发展。”

社会主义核心价值观必将成为中国人民屹立于世界民族之林的文化标识。2014 年 2 月，在省部级主要领导学习贯彻十八届三中全会精神全面深化改革专题研讨班开班式上的讲话中，习近平总书记说：“要大力培育和弘扬社会主义核心价值体系和核心价值观，加快构建充分反映中国特色、民族特性、时代特征的价值体系。坚守我们的价值体系，坚守我们的核心价值观，必须发挥文化的作用。民族文化是一个民族区别于其他民族的独特标识。要加强对中华优秀传统文化的挖掘和阐发，努力实现中华传统美德的创造性转化、创新性发展，把跨越时空、超越国度、富有永恒魅力、具有当代价值的文化精神弘扬起来，把继承优秀传统文化又弘扬时代精神、立足本国又面向世界的当代中国文化创新成果传播出去。只要中华民族一代接着一代追求美好崇高的道德境界，我们的民族就永远充满希望。”

遵循和响应党中央、习近平总书记的部署和号召，中国大地上兴起了培育和践行社会主义核心价值观的热潮；社会主义核心价值观建设朝着全方位推进、全领域覆盖发展，成为巩固全党全国各族人民团结奋斗的共同思想基础。

本丛书特别强调，社会主义核心价值观是“我们的核心价值观”，并以此为本丛书名称。这是为什么呢？

众所周知，马克思主义价值观，是建立在科学的实践观基础之上的，认为实践的观点乃是理解各种价值现象的钥匙。在阶级社会，人们的价值标准或价值规范受其阶级地位的规定和影响。不同阶级的需要、利益、兴趣、愿望往往不同，甚至彼此对立。对于是非、善恶、美丑等，也有不同的评价标准。

从实践的观点出发，一定时代的人们的价值标准，总是植根于当时人们生活的物质条件，必然受当时社会历史条件的制约，总要打上相应时代的历史印记。因此，价值观在本质上是一个社会历史范畴，不存在永恒不变的价值标准和价值体系。马克思主义哲学反对任何在价值上超越历史的观点，对任何社会现象的评价都不能离开当时的历史条件。

同时，我们也要认识到，任何价值观都是从属于世界观的。换言之，有不同的世界观，其价值观也必然不同。对于共产主义者来说，实现无产阶级和全人类的解放即实现共产主义，是他们的全部社会活动所追求的最高价值。需要认识到，核心价值观并不是简单地在价值观前面加上“核心”二字而已。核心价值观应该是一种思想共识。这种思想共识是在最一般和最高层面上形成的，是一个阶级和政党、国家在最基本问题上的共识。习近平总书记说，核心价值观承载着一个民族、一个国家的精神追求和最高境界，就说明了这个道理。

中国改革开放向纵深发展的今天，社会主义核心价值观的提出，正是承载着中华民族、中国的精神追求和最高境界，代表着现代中华民族之魂，是彰显中华民族之魂的重要标志。

我们认为，富强、民主、文明、和谐，自由、平等、公正、法治，爱国、敬业、诚信、友善，从国家、社会、公民三个层面，成为统摄中华民族精神世界的国家之魂、社会之魂、公民之魂，是中华民族精神世界丰富和发展的需要，是中国改革开放向纵深发展对精神文明建设提出的新要求，是现实的需要，是发展大势的需要。归根结底，是一种客观世界的需要，也是主观世界的需要。这也就是说，社会主义核心价值观成为中华民族之“魂”，是现实的、可能的，是正逢其时的。

事实上，中国共产党作为执政党提出的三个倡导，即在三个层面（国家、社会、公民）上提出倡导和主张，不仅表明了执政党的决心，也是中国共产党代表先进文化的前进方向的具体体现。这三个倡导，完全符合中国共产党的纲领。这三个倡导，有如三面镜子。现实生活中，国家、社会和公民，都离不开镜子，都要照镜子。在三面镜子前，中国共产党人和广大人民群众，每天都要照镜子，要认真对照、反省自己是否遵循了核心价值观。

从国家层面看这面镜子，就是要时刻对比和反思，我们的国家是否正朝着实现“两个一百年”奋斗目标和中华民族伟大复兴中国梦的社会主义现代化的方向前进，能否真正成为富强、民主、文明、和谐的社会主义现代化强国。此后，还要向新的目标继续前进。

从社会层面看这面镜子，就是要对现实社会作出分析和考量，看看我们的社会距离自由、平等、公正、法治还有没有距离，如何不断缩短这一距离，达到和实现社会主义条件下的自由、平等、公正、法治。

从公民层面看这面镜子，就是要不断提高公民的整体思想素质，看看中华民族的精神状态是什么，是否真正达到了爱国、敬业、诚信、友善，并能够在实际行动中充分表现出来。

这三面镜子要经常照，反复照，时照时新，而且越照越有信心和动力。照镜子的过程，是思想自我更新、不断升华的过程。同时，在照镜子的过程中，还要经常擦拭这三面镜子，使镜子更明亮，更清晰，从而使镜子和照镜者融合在一起，实现主体和客体相统一的最高境界。

我们的核心价值观，是在中国独特的文化传统、独特的历史命运、独特的基本国情的基础上构建起来的，绝不是照抄和照搬西方资本主义世界的主流价值观。从这个意义上说，我们的核心价值观，属于中国，属于中国人民，具有中国特色，不同于西方，更不是对西方“普世价值”的拷贝和翻版。中国和西方是有一些共同的价值观，可以相互借鉴并交相辉映，但是用西方国家的价值观来取代中国的核心价值观，是不可取的，也是不能接受的。从另一个角度说，世界的文明发展是多元的，也是多彩的；东方文明从历史上看，对世界文明发展作出了独特的贡献，是不可或缺的。因而，把西方一些价值观捧得过高，说成是“普世价值”，是不符合世界历史发展事实的。

这也就是说，我们的核心价值观，是社会主义的核心价值观，它姓“社”不姓“资”、姓“中”不姓“西”，这都是从本质上对核心价值观的表述和判断。这就是核心价值观的“品格”。社会主义核心价值观的品格，从姓“中”不姓“西”的意义上来讲，它们是对中华民族优秀传统文化的继承和发展，传承着传统文化的精华。这一品格的彰显，具有核心价值观独特的魅力。

我们还应认识到，我们的核心价值观属于中华各民族。具体来说，社会主义核心价值观不是某一个单一民族的价值观，而是属于中华民族的每一个民族，是56个民族共同的价值观。对此问题，理论界较少论及。我们认为，讲我们的核心价值观，把这个问题说清楚，具有重大的现实意义。

自古以来，中国就是一个多民族的国家。从文化传统来说，中华民族文化的多样性与同一性，是其根本特征。中华民族文化多样性表现在两个方面：一是民族文化的多样性，56个民族都有自己的独特传统，都有自己的文化特色；二是地域文化的多样性，中国地域辽阔，各地区均有自己的文化特色。中国共产党遵循了马克思主义民族观，也是在中华民族多元一体的思想基础上，治理这个统一的多民族国家。实行民族区域自治这一基本政治制度，体现了中国共产党在治理多民族国家中的制度创新。也正是在这一基础上，中国共产党提出了“两个共同”：共同团结奋斗，共同繁荣发展；“三个离不开”：汉族离不开少数民族，少数民族离不开汉族，各少数民族之间也互相离不开；“四个认同”：对伟大祖国、对中华民族、对中华文化、对中国特色社会主义道路认同；“五个维护”：维护社会主义民主、维护社会主义法制、维护人民群众根本利益、维护祖国统一、维护民族团结。这些政策得到了56个民族的赞同、支持和拥护。

无疑，社会主义核心价值观是对中华民族优秀传统文化的继承。事实上，我们还应看到，社会主义核心价值观是对中华民族优秀传统文化的超越和发展。无论从思想内容还是时代高度来看，社会主义核心价值观都远远超越了中华优秀传统文化。一是它体现了传统与现代的统一。这些关键词在传统文化中不同时期有不同的内容和意义，随着社会变迁和时代发展，特别是在社会主义社会，又有更新的内容和阐释。二是它体现了继承与超越的统一。社会主义核心价值观虽然继承了中华民族的优秀传统文化，但不是简单地照抄照搬，而是在原有思想基础上的进一步升华，显示了与时俱进和时代的超越性。三是它体现了民族性与时代性的统一。社会主义核心价值观体现了中国风格和中国气派，具有民族性；同时，它也是在世界发展的大背景下，包括借鉴西方文明成果的背景下而彰显时代性的，因而也是民族性和时代性的统一。

同时，我们也认识到，我们的价值观，是世界文明的组成部分，是对人类“共同价值”的追求和贡献。我们追求的是真正的世界大同。我们不承认凌驾于世界各国的西方“普世价值”。但是，我们认为世界各国人民在追求“真、善、美”的过程中，具有共同价值。中国人民和世界人民心连心、手挽手，追求的是人类“共同价值”，不是西方“普世价值”，这是毋庸置疑的，也是应该说清楚的。

综上所述，我们的核心价值观，是社会主义核心价值观。社会主义核心价值观的确立和践行，既是对资本主义价值观的扬弃和超越，也是社会主义文明的自我发展。

应该说，社会主义文明的自我发展，特别是中国特色社会主义精神文明建设的深入发展，决定了我们的核心价值观必须具有中国风格、中国气派，是具有中国特色的社会主义核心价值观。

我们的核心价值观，是对资本主义价值观的扬弃和超越。既然是扬弃和超越，就无可避免其中有资本主义价值观的要素和影子，例如民主、自由、公正、平等，也用了同样的词汇，但是在本质上已具有根本性的区别。我们的核心价值观，更重要的是具有中国风格、中国气派，是属于中华民族自己的核心价值观。例如和谐、敬业、诚信、友善等，这里面中国的元素占据了主要成分和内容。培育和践行社会主义核心价值观,目前在中国大地上已经形成了全覆盖的一种态势,形成一种中国气派,成为一道风景线。培育和践行社会主义核心价值观,重要的不单单是在形式上造势,而是扎扎实实落实在人们的行动中。正如习近平总书记所说,要使社会主义核心价值观像空气一样,无所不在,无处不有,无时不有。我们将始终坚持培育和践行社会主义核心价值观,成为一种“常态”,潜移默化,润物细无声,于细微处见精神,这也是一种中国风格和中国气派。

我们认为,如果说实现中国梦的实践基础是中国特色社会主义道路,理论基础是中国特色社会主义理论体系,制度基础是中国特色社会主义制度;那么,实现中国梦的主体——中华民族的精神世界,就是社会主义核心价值观。因此,树立和践行社会主义核心价值观,是时代的呼唤,执政党的倡导,民心所向!我们坚定地相信,通过培育和践行社会主义核心价值观,中国将以崭新的面貌屹立于世界的东方,中国人民也将以崭新的风姿屹立于世界民族之林,从而彰显我们的核心价值观的独特魅力!

我们的核心价值观,无愧于伟大的时代。正如2016年5月17日习近平总书记在哲学社会科学工作座谈会上的讲话中所说的:“我们不能辜负了这个时代。自古以来,我国知识分子就有‘为天地立心,为生民立命,为往圣继绝学,为万世开太平’的志向和传统。一切有理想、有抱负的哲学社会科学工作者都应该立时代之潮头、通古今之变化、发思想之先声，积极为党和人民述学立论、建言献策，担负起历史赋予的光荣使命。”而《我们的核心价值观》丛书，就是践行习近平总书记系列讲话精神的一个尝试，如是之。

目　录

导论　我们要做这样的人：爱国、敬业、诚信、友善

党的十八大以来，以习近平同志为核心的党中央高度重视培育和践行社会主义核心价值观。习近平总书记曾多次发表重要讲话强调社会主义核心价值观的培育和践行。在中央政治局集体学习时，习近平总书记提出要“把培育和弘扬社会主义核心价值观作为凝魂聚气、强基固本的基础工程”①。社会主义核心价值观对于新时代中国的各方面建设都具有十分重要的意义，党中央深刻地意识到社会主义核心价值观的建设是当前乃至今后相当长的一段时期内需要着重努力的方面，它是与实现“两个一百年”的奋斗目标紧密联系在一起的，同时社会主义核心价值观也是对“中国梦”的深刻诠释，这是把社会主义核心价值观提高到了一个新的高度，它体现了以习近平同志为核心的新一代领导集体的共同智慧，是对中国人民和中华民族价值体现的新的追求。

一、爱国、敬业、诚信、友善价值观的渊源和形成

社会主义核心价值观虽然仅仅只有二十四个字，但高度概括了国家的价值目标、社会的价值取向和公民的价值准则。其中，爱国、敬业、诚信、友善是公民层面的价值准则，表达的是社会成员的道德自律，是社会成员的基本道德规范。这四个准则相辅相成、密切相连，形成一个整体，回答了我们要培育什么样的公民的重大问题。正如习近平总书记提出的，我们要“把培育和弘扬社会主义核心价值观作为凝魂聚气、强基固本的基础工程，继承和发扬中华优秀传统文化和传统美德，广泛开展社会主义核心价值观宣传教育，积极引导人们讲道德、尊道德、守道德，追求高尚的道德理想，不断夯实中国特色社会主义的思想道德基础”②。

（一）爱国、敬业、诚信、友善价值观的理论渊源

1. 马克思主义理论是社会主义核心价值观的思想基础

社会主义核心价值观并不是凭空创造出来的，它在思想传承上是与马克思主义理论一脉相承的。习近平总书记指出：“马克思主义深刻揭示了自然界、人类社会、人类

思维发展的普遍规律，为人类社会发展进步指明了方向；马克思主义坚持实现人民解放、维护人民利益的立场，以实现人的自由而全面的发展和全人类解放为己任，反映了人类对理想社会的美好憧憬；马克思主义揭示了事物的本质、内在联系及发展规律，是‘伟大的认识工具’，是人们观察世界、分析问题的有力思想武器；马克思主义具有鲜明的实践品格，不仅致力于科学‘解释世界’，而且致力于积极‘改变世界’”。[3]可以说，坚持以马克思主义为指导，是社会主义核心价值观区别于其他核心价值观的根本标志，必须旗帜鲜明地加以坚持。

社会主义核心价值观是辩证唯物主义、历史唯物主义的中国化在当代的理论表达。在马克思主义者看来，人民群众是价值创造和实现的主体，当然也是价值衡量和评价的主体。也就是说，劳动不仅创造了人本身，也创造出了人的社会关系，创造出了人的价值和价值观。个人的价值并非由个人的主观臆断所决定，而是由个人所处社会关系所决定。马克思主义把人的本质看成其理论思想的出发点和归宿，其最终目标是实现人的完全自由和解放，社会主义核心价值观与这个目标是一致的，它是对于马克思主义关于人的本质的思想的具体发展和实施。人的本质的实现不是单个人可以完成的，它必须在社会中才能得以实现，因此个人与社会的关系将决定一个人的价值实现与否和实现的多少。共产主义的价值追求可以概括为人的自由而全面的发展。作为马克思主义的创始人，马克思在自己的中学作文《青年在选择职业时的考虑》中，就表达了“为人类幸福而工作”的远大志向，并坚持了一辈子，最终成为“千年思想家”。历史唯物主义认为，社会的发展是通过人有目的的创造性活动实现的。作为观念形态的核心价值观，也要依靠人这个历史主体在实现自身不断发展的过程中得到培育和践行。马克思主义与中国的实践相结合已有百余年历史，在马克思主义中国化的过程中，中国共产党始终坚持以马克思主义思想指导中国社会主义建设的道路。在新的历史时期，我们把践行“爱国、敬业、诚信、友善”的价值观念，把国家、社会、集体的发展与公民个人的价值准则结合起来，有助于实现个人的利益诉求、价值追求、发展需求，促进人的自由全面发展。

2. 中华优秀传统文化是社会主义核心价值观的重要思想源泉

“求木之长者，必固其根本；欲流之远者，必浚其泉源。”核心价值观是在一个国家、民族长期发展过程中孕育而成的，反映着一个国家、一个民族的文化积淀，是国家和民族的思想结晶。

2013 年 3 月 1 日，习近平总书记在中共中央党校建校 80 周年庆祝大会暨 2013 年春季学期开学典礼上的讲话中指出："中国传统文化博大精深，学习和掌握其中的各种思想精华，对树立正确的世界观、人生观、价值观很有益处。古人所说的'先天下之忧而忧，后天下之乐而乐'的政治抱负，'位卑未敢忘忧国''苟利国家生死以，岂因祸福避趋之'的报国情怀，'富贵不能淫，贫贱不能移，威武不能屈'的浩然正气，'人生自古谁无死，留取丹心照汗青''鞠躬尽瘁，死而后已'的献身精神等，都体现了中华民族的优秀传统文化和民族精神，我们都应该继承和发扬。"④他特别强调："今天，我们提倡和弘扬社会主义核心价值观，必须从中汲取丰富营养，否则就不会有生命力和影响力。"⑤

中国优秀的传统文化对每一个中国人提出了为人处世方面应具有的品质，如敬老爱幼、见义勇为、尊师重道、惩恶扬善等。可以说，社会主义核心价值观立足于中华优秀传统文化，汲取了中华传统价值观的思想精华，实现了对中华传统价值观的创造性转化和创新性发展。抛弃传统、丢掉根本，就等于割断了自己的精神命脉。

3. 社会主义核心价值观来源于中国特色社会主义实践

我们现在所提出的社会主义核心价值观源自中国社会所具有的独特性，中国现阶段走的是一条具有中国特色的社会主义道路，不同于其他社会主义国家，而是立足于中国国情。因此，中国的社会主义核心价值观是中国共产党和中国全体人民对中国特色社会主义在价值观方面所提出的期望和要求，也是对中国革命精神和革命文化的传承和创新。在长期革命斗争和建设中，红船精神、井冈山精神、苏区精神、长征精神、延安精神、西柏坡精神、大庆精神、“两弹一星”精神、载人航天精神等革命精神、革命文化展现了中国共产党人的历史担当，是中国共产党价值追求和中华民族精神内涵最生动的象征。“文化自信，是更基础、更广泛、更深厚的自信。在5000多年文明发展中孕育的中华优秀传统文化，在党和人民伟大斗争中孕育的革命文化和社会主义先进文化，积淀着中华民族最深层的精神追求，代表着中华民族独特的精神标识。”⑥

爱国、敬业、诚信、友善是社会主义核心价值观的有机组成部分，它们是中华民族内在具有的优良品质，是道德伦理思想的准绳。同时，我们也要看到，在社会经济急剧转型的条件下，在利益多元化和诉求多样化的背景下，一些人的价值追求与爱国、敬业、诚信、友善的核心价值观要求还有较大差距，甚至有些人奉行“一切向钱看”“有钱能使鬼推磨”的拜金主义、个人主义的价值观，见利忘义、唯利是图、损人利己、胆大妄为。因此，建设与中国特色社会主义实践相一致的社会主义核心价值观，无疑是摆在我们面前的一项十分艰巨而紧迫的重要任务，必须引导人民群众自觉主动地将爱国、敬业、诚信、友善作为基本行为准则和价值遵循，使每个公民都可以成为社会主义道德的践行者、诚信风尚的引领者和公平正义的维护者。

总而言之，将坚持和发展马克思主义作为社会主义核心价值观的思想指引，并且融入中国传统文化所传承给我们的优良品质，以此培育和实践社会主义核心价值观，这是解决道德滑坡、诚信缺失、人际关系紧张等问题的有力措施，是凝聚社会共识、实现团结和谐的根本途径。

（二）爱国、敬业、诚信、友善价值观的形成

任何价值观念的形成与凝练，都是对时代精神的表现，对历史文化的传承和总结。爱国、敬业、诚信、友善一直是中国共产党奉行、倡导和宣扬的价值观念。社会主义核心价值观的凝练和提出，经历了一个不断发展、逐渐深化的过程。

1949 年，《中国人民政治协商会议共同纲领》讨论并确定了作为公民的基本道德规范——“五爱”，即“爱祖国、爱人民、爱劳动、爱科学、爱护公共财物”，这是新中国成立伊始所确立的第一个关于思想道德建设方面的规定。十一届三中全会以后，中国共产党十分重视社会主义的精神文明建设，尤其是社会主义思想道德建设，并提出了改革开放后的第一个社会主义基本道德规范，其中包括爱国守法、明礼诚信、团结友善、勤俭自强、敬业奉献的基本道

德规范。1982年，中共中央转发了《深入持久地开展“五讲四美”活动争取社会主义精神文明建设的新胜利》的通知，通知指出，要组织全面展开“五讲四美”活动。1986年，中国共产党第十二届六中全会全体通过了《中共中央关于社会主义精神文明建设指导方针的决议》，这是首次在全国建设的高度上提出关于精神文明建设的内容；1996年，在党的十四届六中全会上，以全体表决的方式通过了《中共中央关于加强社会主义精神文明建设若干重要问题的决议》，再一次重申了精神文明建设的重要性，以及在精神文明建设方面存在的问题。中共中央于2001年颁发了《公民道德建设实施纲要》，进一步把对公民道德建设的要求具体化、细致化。2004年，中共中央、国务院先后印发了《关于进一步加强和改进未成年人思想道德建设的若干意见》和《关于进一步加强和改进大学生思想政治教育的意见》，这两个文件以基本道德规范为基础，对青少年和大学生进行公民道德教育作了部署。上述道德规范文件为爱国、敬业、诚信、友善的公民个人价值准则的提出奠定了基础。

进入21世纪的第二个五年规划，以胡锦涛为总书记的党中央领导集体为进一步推动道德建设，于2006年3月，提出了“八荣八耻”的社会主义荣辱观；同年10月，中国共产党的十六届六中全会通过了《中共中央关于构建社会主义和谐社会若干重大问题的决定》，这是第一次采用“建设社会主义核心价值体系”的说法。《决定》明确提出社会主义核心价值观的建设是一个重大命题和战略任务，强调指出社会主义核心价值体系是以马克思主义为指导思想，以中国特色社会主义共同理想为目标，以爱国主义为核心。社会主义核心价值观代表了民族精神和以改革创新为核心的时代精神，同时是社会主义荣辱观的集中体现。以习近平同志为核心的党中央进一步把社会主义核心价值观总结精炼为“三个倡导”，党的十八大报告明确提出“倡导富强、民主、文明、和谐，倡导自由、平等、公正、法治，倡导爱国、敬业、诚信、友善，积极培育和践行社会主义核心价值观”，这二十四个字是对新时期道德文明建设的最高概括，把社会主义核心价值观提上一个新的高度，是新一代领导集体的智慧结晶。这其中的爱国、敬业、诚信、友善是从公民个人层面所提出的价值准则。2013 年 12 月，中共中央办公厅印发了《关于培育和践行社会主义核心价值观的意见》，这是对于社会主义核心价值观的进一步阐释，具有可操作性，《意见》明确提出：“社会主义核心价值观是社会主义核心价值体系的内核，体现社会主义核心价值体系的根本性质和基本特征，反映社会主义核心价值体系的丰富内涵和实践要求，是社会主义核心价值体系的高度凝练和集中表达。”

从以上梳理可以看出，社会主义核心价值观的确立经历了一个辩证的发展过程，每一次对于道德文明建设的方案都是一次革新，都是在孕育着社会主义核心价值观的最终提出，它并不是一蹴而就的，它是在以马克思主义为指导，并且在继承中华民族优秀传统文化的基础上，以新时期国家整体建设为目标而提出的。作为公民个人层面的价值准则，爱国、敬业、诚信、友善是社会主义精神文明建设不断向纵深发展的结果，是在道德建设的实践中逐渐形成的共识。

二、爱国、敬业、诚信、友善价值观的概念内涵

国家、社会都是由个人组成的，没有个人的活动，国家和社会都无从谈起。实践证明，公民的价值观念、道德品质、伦理行为，不仅直接左右着个人的生活方式和处事行为，甚至会影响到整个社会的风尚和国家的气质。中华民族历来重视以德修身、立德做人、为政以德，把道德提高到立身之本、立国之基的高度。爱国、敬业、诚信、友善在本质上是与中国传统典籍《大学》中的修身、齐家、治国、平天下联系在一起的，或者我们可以说，前者就是后者在现代社会的表达。与国家层面的价值目标和社会层面的价值取向相比，每个公民个人层面的价值准则，更具有广泛性、

渗透性和大众性,个人是国家的有机构成部分,国家的价值取向取决于每个公民所真实具有的价值观。因此,只有将每个公民个人层面的价值准则落实落细,国家和社会层面的价值取向才能真切实现,也只有每个公民切身做好社会主义核心价值观所倡导的内容,才不会使国家层面的价值目标和社会层面的价值取向成为空中楼阁。

(一)爱国、敬业、诚信、友善的定义

公民层面的社会主义核心价值观从爱国讲起,以友善收尾,各有侧重,各有功能。

爱国是对祖国的依恋,是一种为祖国勇于担当和奉献的精神;爱国是一种深层情感,是对祖国壮美河山的眷恋,是对历史文化的研习,是对人民同胞的热爱。爱国是每一个公民都要具有民胞物与的情怀。习近平总书记2014年10月15日在文艺工作座谈会上的讲话中指出:"在社会主义核心价值观中,最深层、最根本、最永恒的是爱国主义。"⑦爱国是中华民族的优良传统,是具体的、历史的。爱国主义是常写常新的主题。从陆游的"位卑未敢忘忧国"到林则徐的"苟利国家生死以,岂因祸福避趋之",从屈原的"哀民生之多艰"到顾炎武的"天下兴亡,匹夫有责",从文天祥的"人生自古谁无死,留取丹心照汗青"到方志敏的《可爱的中国》,都是爱国情怀的具体体现。我们伟大的祖

国能历经磨难，从苦难走向辉煌，其强大精神力量就在于，无数中华儿女甘愿抛头颅、洒热血，为祖国的安全、强大而无私奉献。把爱国纳入社会主义核心价值体系中，是对爱国主义思想的一次提升，与中国传统文化中修身、齐家、治国、平天下的思路相反，这是从全局出发，从高点出发。爱国是要求全国各族人民团结起来，无论是对内建设祖国的富强昌盛，还是对外抗御资本主义的强敌，具有爱国精神的民族都会战胜一切艰难险阻，就像共产党领导全国人民建立新中国的伟大创举一样。我们是有着爱国精神的优良传统的，在社会主义核心价值观中再次强调爱国精神，是为了在今后社会全面发展中，坚持已有的品质，在经济全球一体化的进程中不要忘记自己的祖国，只有具备爱国主义品质的人才会时刻以国家大局为重，才不会走错走偏。

敬业是一种职业道德，是对工作的一种态度。敬业精神表现在工作中，是指热爱自己所从事的工作，真诚对待工作中的每一件事。《尚书·周书·周官》中有“功崇惟志，业广惟勤”之说，《礼记》中有“敬业乐群”之说，梁启超在《敬业与乐业》一文中，专门阐述了敬业的职业精神，敬业就是要求个人努力把自己的本职工作做到最好。比如，农民要把地种好，厨师把饭做好，环卫工把卫生打扫好，等等。敬业作为公民个人层面的核心价值，其重大现实意义在于，引导和激励每一个公民辛勤劳动、敢于担当、无私奉献，把自己的梦想和实现中国梦的远大理想结合起来，在平凡岗位上做出不平凡的贡献。

诚信是关于人际关系信任的道德范畴，强调诚实劳动、信守承诺、诚恳待人。诚信是人类的基本道德要求和基础，是一个社会赖以生存和发展的根基，是中华民族的传统美德。“人而无信，不知其可也”；“君子一言，驷马难追”；“诚者，天之道也。诚之者，人之道也”。一个人只有诚实，才能获得别人的信任；只有守信，才能获得别人的尊重。日升昌票号、海尔集团、华为公司，这些品牌因为诚信的经营理念才深入人心。诚信是从个人的角度提出的道德标准，它与爱国精神交相呼应，爱国是从全局、整体的视角提出的道德标准，诚信是每个具体的个人从自身角度出发考虑问题、待人接物的品德。诚信是实现中华民族伟大复兴中国梦的道德支撑。

友善是指人与人、人与自然、人与社会之间和睦相处的一种道德品格，是公民交往的基本道德规范和价值准则，是公民道德的最低要求，又是道德修养的最高境界。“亲仁善邻，国之宝也”“忠厚传家久，积善有余庆”“老吾老以及人之老，幼吾幼以及人之幼”，讲的就是友善。朱德在《寄东北诸将》中写道：“邻居友善长相问，仁里安康永莫移。”友善是我们中华民族最优秀的遗传基因，具有广泛性和全民性。“万物并育而不相害，道并行而不相悖。”一个人，只有与人为善、友好善良、美美与共，才能在良好的人际关系和社会关系中实现自己的价值。郭明义爱心团队、朱敏才夫妇以友善立精神，带给人关爱、温暖与力量，将无数的善累积、传递，积聚正能量。如果说诚信是个人行为准则的内在品质，那么友善就是待人接物的外在表现，友善待人可以让整个社会处于和谐安宁的氛围中，它是社会和谐的润滑剂，更有助于形成互爱互助的新型人际关系。

（二）有机联系和共同目标

首先，爱国、敬业、诚信、友善是安身立命、为人处世的共同准则。虽然爱国、敬业、诚信、友善是从不同角度对社会主义核心价值观的诠释，但它们的主体都是指个人，因此都是从个人出发所践行的道德准则。爱国是个人对国家应具有的态度，敬业是每个从事工作的公民应具有的职业道德，诚信是个人对内无愧于心、对外无损于社会的道德要求，友善是个人对家庭、单位乃至整个社会应具有的行为方式。它们都是每个人作为公民应具有的道德品质，是在社会上的安身立命之本，也是所有人都应遵守的伦理准则。爱国、敬业、诚信、友善都是实实在在的要求，都具有极强的实践性和规范性。俗话说“善有善报、恶有恶果”，待人接物，也是“种瓜得瓜，种豆得豆”，抛下什么子，发出什么芽，结出什么果。你给别人一张笑脸，别人也会还你一个微笑。爱国、敬业、诚信、友善的价值准则，具有全面性和系统性，贯穿于安身立命、为人处世、干事创业的全过程，是每一个公民都应当树立的基本价值追求。

其次，爱国、敬业、诚信、友善是具有价值共识的凝练表达。爱国、敬业、诚信、友善首先是作为概念存在于人们心中，概念都具有内涵和外延，因此，爱国、敬业、诚信、友善不只是字面意义上的名词，还是对社会主义核心价值观的高度凝练。它们是从中华民族诸多优秀道德品质中提炼升华出来的、最能代表当代中国人气质的概念表述，它代表了现代中国从国家、社会、公民三个层面的价值目标、价值取向和价值准则。“爱国、敬业、诚信、友善”既为群众所接受，也为群众所必需，具有广泛的群众基础。这八个字朗朗上口，使社会主义核心价值观更加深化、细化、具体化，更加口语化，符合大众化、通俗化要求。“爱国、敬业、诚信、友善”被群众所认可，被绝大多数人所奉行，能形成有力的舆论氛围，规范着人们的言行。一切奉行社会主义核心价值观的行为，自然被人们认可，而一切背离社会主义核心价值观的言行，毫无例外会受到人们的谴责。

第三，爱国、敬业、诚信、友善是权利和义务的统一体。爱国、敬业、诚信、友善，每个词组都是一个价值观，即四个价值观。不管哪个层面，每个词组都是一个“价值追求”，而在每一个价值观的公民践行中都包含义务与权利，都是权利与义务的统一。忠于自己的祖国，维护祖国的尊严、统一和强大，是每一个公民的天然义务、政治责任；爱岗敬业、忠于职守、做好本职工作，既关系到个人的生存发展，也关系到单位、集体、国家的发展；诚实守信，是个人道德人格的体现，也是对社会、对他人的责任担当；以友善的态度对待他人、对待自然，体现“民胞物与”的优秀传统，是对他人、对自然、对后代应尽的责任。

最后，爱国、敬业、诚信、友善是既相对独立又相互联系、相互贯通的有机整体。爱国、敬业、诚信、友善的公民价值追求是一个有机统一的整体，既相互独立，又相互联系、相互贯通，四者共同发挥作用，通力为个人的发展导航定向。爱国是前提和基础，是公民沉甸甸的责任；敬业是爱国的具体体现，是一种责任和精神，要把爱国落到实处，就是要爱自己的岗位、爱自己的事业，并争取做出好成绩，为国家发展做出应有的贡献；诚信是敬业的道德基石，它是做人、立业、建国之本，诚信表明个人在公共生活和社会交往中的正确态度；友善是诚信的行为表达，与人为友、与人为善是中华民族自古就具有的传统美德，在现今社会，这种美德和行为标准更应大力提倡，以消解资本所带来的人与人之间冷漠的金钱关系。诚信内化于心，友善外化于行，两者在社会实践中相互影响，相互促进。

三、爱国、敬业、诚信、友善价值观的功能

价值观就是人们关于如何区分“好坏”（如善恶、得失、利弊、真假、荣辱、美丑、福祸、值得不值得、应该不应该等）的根本看法和总体观念。核心价值观之所以区别于一般意义上的价值观，是由于核心价值观在价值观系统中占据核心地位，起着统领、主导和整合作用。核心价值观关涉某类事物发展的指导思想和价值目标，体现了某类事物的根本性质，深刻地影响着人们的思维方式和行为方式。如果把意识形态比喻为“保护带”，那么，核心价值观就是这一“保护带”的“硬核”。公民是践行“爱国、敬业、诚信、友善”社会主义核心价值观的主体，这不仅表现在公民是核心价值观的创造者和追求者，也表现在他们是这种价值观的受益者。具体来说，爱国、敬业、诚信、友善核心价值观的功能主要表现在以下几个方面：

（一）导向功能

社会主义核心价值观首先具有价值导向的功能。核心价值观的导向作用首先表现在：确立公民的知行目标和理想。公民层面的社会主义核心价值观蕴含着价值理想、

信念甚至是信仰，是公民关于自身应然状态的期盼和展示。公民在纷繁复杂的事物和现象面前需要做出一定的选择，其选择的深刻依据就是每个人内心所具有的价值取向。教育部原部长袁贵仁就曾指出过：“在认识中，人不是信息的被动的接收器、贮存器，而是有选择地接收对自己有用的信息。”[7]目的性是公民活动的内在规定性，这种内在规定如果先于事物就存在于人们心中，那么人们在行事时就会对其进行预先判断，即判断一事物的价值是否与自身所具有的价值观取向相同，从而决定自己是否要积极地进行争取。确立公民对现实存在的批判标准，从而追求超越。价值观的导向作用不仅体现在正面肯定上，还表现在反面批判上，这也就是人们所说的“是”“非”两方面。价值观的批判作用在转型期的中国尤为重要。随着社会主义市场经济的深入发展，各种资本主义的腐朽思想必然渗入社会的各个领域。所以，社会主义核心价值观就是用“爱国”去战胜分裂的行径，用“敬业”去战胜懒惰的思想，用“诚信”去战胜欺诈的风气，用“友善”去战胜麻木的冷漠。所以，社会主义核心价值观的每一项正面导向同时也包含了其反面的批判功能，它为人们提供了评判标准和价值尺度，让人们区分何事有价值、何事没有价值，从而明确自己应该追求什么、避免什么。

（二）引领功能

价值观是行动的价值引力，先进价值观是一种推动人奋发向上、崇德向善的强大精神力量。普遍的社会认同与思想层面的共鸣可以促进一切事业顺利进行。思想统一才能行动一致，思想混乱必然导致行动进退失据。在生活中，受不同价值观的驱动，人们面对同一事物或行为往往做出不同的选择。钱学森放弃美国的优越生活，毅然决然返回祖国的事迹就是受爱国精神的感召。对待财富，大多数人都是“君子爱财，取之有道”，但有人不择手段、无所不用其极，甚至走上违法犯罪的道路；对待权力，绝大多数党员干部是权为民所用，但也有一些党员干部以权谋私、权权交易、权钱交易、权色交易；对于陌生人遇到困难，有的人能宽容友善、救危扶贫，伸出援助之手，但有的人则事不关己，高高挂起。这些价值冲突表明，必须确定社会主义核心价值观的价值判断和道德责任，正确引导人们辨别什么是真善美、什么是假恶丑，自觉做到常修善德、常怀善念、常做善举。

钱学森（1911—2009），出生于上海，祖籍浙江省杭州市临安。钱学森是世界著名的科学家和空气动力学家，新中国成立前就职于美国麻省理工学院，担任动力学工程教授，但当他听到新中国成立的消息后毅然决定回国效力。

然而在钱学森夫妇准备回国之际，钱学森却突然被美国军事部门吊销了参加机密研究的证书，当时的美国海军次长丹尼·金布尔（Dan A. Kimball）声称：钱学森无论走到哪里，都抵得上五个师的兵力。于是在1950年，为阻止钱学森回来，美国政府把他关进了监狱。但是很快，钱学森遭到美国迫害的消息就传到了中国，当时国内许多科学界的同仁都通过各种途径声援钱学森，经过周恩来总理在与美国外交谈判上的不断努力，1955年10月，钱学森一家终于回到了自己魂牵梦绕的祖国，回到自己的故乡。可以说，

图为著名科学家钱学森（左）从美国返回祖国时的情景。前往北京火车站欢迎他的是中国科学院副院长吴有训（右）和北京大学教务长周培源

正是由于钱学森不畏艰难险阻回到了祖国,并一心投入科研工作中,才使得中国导弹、原子弹的发射向前推进了至少20年。

社会主义核心价值观不仅在道德方面规范了公民的言行,还具有引领社会思潮、凝聚社会共识的作用。爱国、敬业、诚信、友善,是社会各界广泛认同,社会各群体普遍接受、共同追求的价值观,是各种社会群体认知的最大公约数。爱国是基于个人对自己祖国依赖关系的深厚情感,奋力投身到中华民族伟大复兴的建设之中,是爱国的重要表现。敬业属于公民与职业关系的基本价值准则,敬业价值观要求公民具有认真负责、恪尽职守、精益求精、一丝不苟的职业精神,遵守职业规范,养成职业道德。诚信是公民个人与社会关系的基本价值准则,要求公民诚实可信、信守诺言、履行契约、相互信任。友善是公民个人之间关系的基本价值准则,要求我们每一个公民都与人为善、尊重他人、善于包容、友好待人。

(三)规范功能

人需要认同,组织也需要认同,只有认同才能够保持有序,而认同依赖于组织成员价值观的相容和一致。组织成员价值观的相容和一致就形成组织特有的价值观,而这种特有的价值观会形成一种氛围,凝聚成一种力量,并通过多种渠道在个人心中内化,成为每一个人的价值观。当这种共同的价值观形成之后,保持组织的稳定就不在话下。同时,这种共同的价值观还能使组织达到卓越。无数事实证明,组织的业绩和品质,最早或许取决于创始人的价值观,但最终则取决于组织的共同价值观。

价值观在人的活动中起到规范性的作用,因此价值观也就具有了规范性的功能。人的一切活动都或隐或现地受到价值观的影响和左右,同时也是在一定的价值观的引导下形成的,所以有学者指出,人的活动方式的变革在一定意义上取决于他的价值观的变革。美国社会学家、未来学家丹尼尔·贝尔认为,价值观和道德伦理上的变革会推动人们去改变他们的社会安排和体制。所以,价值观对于人的行为具有直接的范导性,就社会主义核心价值观来说,它在道德行为规范方面规定并约束着人们的实践活动,协调着人与人之间、人与社会之间、人与国家之间的关系,使社会和国家保持一定的秩序。这种居主导作用的价值观,构成人们的心理定势,使他们在学习、工作和生活中,以它为尺度去裁定、评判、量度现实事物和社会现象,反观实际生活。一旦这种主导价值观建立,人们就会将现实生活与价值观相对照,进行情感体验、价值评价,做出态度表示和情感反应,确定事物的好与坏、行为的正当性抑或非正当性。进行了价值判断之后,他们就会对好的事物、正当的行为采取趋近的态度，对坏的事物、失当的行为采取疏远的态度，从而鼓励、强化正当活动，抑制、纠正失当行为。

“历史和现实都表明，核心价值观是一个国家的重要稳定器，能否构建具有强大感召力的核心价值观，关系社会和谐稳定，关系国家长治久安。”⑧当前，人们所处的环境尤其需要发挥核心价值观的规范作用。首先，人与人之间交往的频率和范围扩大，他们所处的环境也由“熟人社会”逐步过渡到“陌生人社会”，他们必然会接触到大量与自己价值观不同的信息，自己的价值观随时都要面对他人的挑战和批判，这就使得人们的思想状况处于一种高度不稳定的状态，在这种情况下，人们尤其需要能够充当他们主心骨的东西——核心价值观；其次，这个社会的发展速度加快、变革力度加大。发展速度加快意味着信息更新速度加快，意味着更多新的信息会来冲击已有的价值观念；变革力度加大意味着旧有观念受冲击的程度将要加大。在这种情况下，如果没有一种主导的价值观，失序的状况会来得更加频繁和猛烈。

（四）激励功能

一个人的思想和行为总是在理性因素和非理性因素的共同作用下发生的，而核心价值观集理性、意志和情感为一体,并且是一种占主导作用的理性、意志和情感。

思想统一才能步调一致,思想混乱必然导致行动失据。当今社会,发展失衡、贫富分化、思想多样、价值多变都使得凝聚价值共识变得既迫切又艰难。经过不断凝练,形成的爱国、敬业、诚信、友善的社会主义核心价值观,是人们广泛认同、普遍接受、共同追求的价值观,是凝聚全党、全民族、全社会的价值共识和最大公约数。公民层面的社会主义核心价值观,反映了当代中国的价值需求和全体人民的价值追求,是人们思想和行动的统一遵循,有利于引领社会思潮、凝聚社会共识,具有团结广大人民群众,在思想基础上夯实全面深化改革的功能,由此,社会主义核心价值观在实现中华民族伟大复兴中国梦的过程中提供强大的精神动力。

社会主义核心价值观是人们为了其根本利益和需要而确立的价值追求和价值目标,这种追求和目标能够激发他们的各种潜在能力,驱动他们发起认识和实践活动。"当你有了目标,有了信念,而且没有退路时,你有多大压力,就有多大动力,你的潜能就会发挥到极致,只要你有一颗坚强的心,永不服输的精神,永不言弃的追求,你就一定大有作为!"这是张宝娣在"湖南省特困大学生奖学金获得者优秀事迹巡回报告团"做报告时说的一段话。正是因为有了一颗坚强的心,有了目标,有了信念,有了永不言弃的追求这些价值观念的支撑，张宝娣才能完成每一次角色的完美转换：从割猪草的穷孩子到部队的文艺女兵再到大学生，纵使这每一次角色转换背后都充满了常人难以想象的坎坷与艰辛。

人生是漫长而又短暂的，人们可能会经历各种失败或不如意，会经常陷入情绪的不稳定中，当人们遇到这些困难和挫折的时候，坚定的价值理想、信念甚至信仰能够使他们始终拥有饱满的热情、坚强的意志，使他们处于积极、能动的状态，不断推动实践和认识活动持续、深入地展开，直至实现价值目标。正因为雷锋有了共产主义的理想信念，他才能够对待同志像春天般温暖，对待工作像夏天一样火热，对待个人主义像秋风扫落叶一样。“有志者、事竟成，破釜沉舟，百二秦关终属楚；苦心人、天不负，卧薪尝胆，三千越甲可吞吴”，很多人都曾把蒲松龄的自勉联写在笔记本上、刻在脑海里。这种豪言壮语本身就是一种价值观念，正是这种价值观念背后的价值追求和目标才使这种价值观念得以发生和持续。社会主义核心价值观给人们确立了一个完整的价值目标体系，既能使人们积极地面对人生的坦途，也可以让人们在逆境中保持斗志。

总之，社会主义核心价值观能够通过其导向功能、引领功能、规范功能和激励功能的发挥，成为凝聚人们共识的精神同心圆。

注释

①习近平. 习近平谈治国理政[M]. 北京:外文出版社,2014:163.

②习近平. 习近平谈治国理政[M]. 北京:外文出版社,2014:163.

③习近平. 在哲学社会科学工作座谈会上的讲话[N]. 人民日报,2016-05-19(2).

④习近平. 习近平谈治国理政[M]. 北京:外文出版社,2014:405.

⑤习近平. 习近平谈治国理政[M]. 北京:外文出版社,2014:170.

⑥习近平. 在庆祝中国共产党成立95周年大会上的讲话[N]. 人民日报,2016-07-02(2).

⑦袁贵仁. 价值学引论[M]. 北京:北京师范大学出版社,1991:386.

⑧习近平. 习近平谈治国理政[M]. 北京:外文出版社,2014:163.

第一章　爱国是民族精神的核心

爱国是中华民族的优良传统，也是公民应有的道德情操，爱国体现了个人对国家、民族和传统文化的依存、热爱、归属感和认同感。爱国是社会主义核心价值观的重要组成部分，是社会主义核心价值观的基本价值准则，是中华民族精神的核心，是中华民族存在和发展的精神动力，也是实现中华民族伟大复兴中国梦的重要力量。习近平总书记在中共中央政治局第二十九次集体学习时强调要“大力弘扬伟大爱国主义精神，为实现中国梦提供精神支柱”[①]，在全面建成小康社会的关键时期，培育和践行爱国主义价值观，大力弘扬爱国主义精神具有重要的理论意义和时代价值。

一、爱国的内涵、演进及时代价值

爱国主义是中华民族精神的核心。爱国主义精神深深植根于中华民族心中，是中华民族的精神基因和文化密码，维系着华夏大地上各个民族的团结统一，激励着一代又一代中华儿女为祖国发展繁荣而不懈奋斗。五千多年来，中华民族之所以能够经受住无数难以想象的风险和考验，始终保持旺盛的生命力，生生不息，薪火相传，同中华民族有深厚持久的爱国主义传统是密不可分的。爱国主义是时代发展的主旋律，在不同的时代，爱国有着不同的表现和时代特征，在全面建成小康社会、实现中华民族伟大复兴中国梦的关键时期，爱国具有独特的时代价值。

（一）爱国与爱国主义

“爱国”简而言之就是“爱自己的国家”，体现的是人民对祖国的忠诚和热爱，体现的是一种情感态度和价值观念。列宁在论述爱国时指出，爱国是“由于千百年来各自的祖国彼此隔离所形成的一种极其深厚的感情”[②]。在我国传统文化中对“爱国”的论述十分久远，在汉朝荀悦《汉纪·孝惠皇帝纪》中就有“封建诸侯各世其位，欲使亲民如子、爱国如家”的记载，在《晋书·刘聪传》中也提及：“臣闻古之圣王爱国如家，故皇天亦祐之如子。”爱国也往往是古代文人创作的主题，表达爱国情感的诗句数不胜数，并且深受各个时代人们的喜爱和推崇。

“爱国”由“爱”和“国”两个字组成。“爱”是人类在社会历史发展过程中形成的最基本、最朴素、最自然的情感，其首先是一种情感活动和心理活动，深受社会实践主体所处的时代背景和地理环境的影响，进而表现出不同的时代特征和地域特征；“爱”还是一种社会关系的体现，体现着个人的思想活动对社会实践的影响，是个体将精神情感向社会实践转化，进而影响和改造社会实践的重要载体，一定意义上“爱”的目的就是将“爱”的情感外化为社会实践，因此“爱”还具有实践属性。黑格尔曾对“爱”进行过论述，认为“爱”就是“意识到我和另一个人的统一，使我不专为自己而独立起来”。“国”既是“国家”和“祖国”，具有阶级性和政治属性，也具有民族性和自然属性，它是一国人民群众赖以生存和发展的“政治的、文化的和社会的环境”。在“爱国”一词中，“国”是“爱”的对象，也就是说，人民既对国家存在着“爱”的道德情感，是对国家的维护和信仰，同时又希望将这种“爱”转化为社会实践，在国家的繁荣富强中实现自我发展与国家发展的统一。“爱国”的情感不是凭空产生的，而是具有物质文化基础，经过千百年的发展过程，伴随着历史的发展和文化的积淀，“爱国”逐渐成为“个人与国家之间最高的道德原则”。党的十八大报告强调要大力弘扬民族精神和时代精神，深入开展爱国主义教育，并将“爱国”确定为社会主义核心价值观的重要内容，成为社会主义核心价值观的关键词。

与爱国联系最为紧密的是爱国主义或者爱国主义精神。爱国主义是中华民族的传统美德,与“爱国”的情感属性和道德属性不同,爱国主义不仅仅是一种情感态度和价值观念,还是一个历史范畴,爱国主义在“爱国”价值观念和中华传统文化几千年的发展过程中积淀了丰富的内容。在不同历史阶段、不同地理环境中,爱国主义的内容、特征和突出表现也会不同,在当代中国,爱国主义主要表现为对祖国大好河山的热爱和保护、对祖国悠久历史的热爱和继承、对祖国灿烂文化的热爱和发扬、对祖国前途命运的关心和维护、对祖国团结统一的努力和捍卫。

党的十六大报告指出:“民族精神是一个民族赖以生存和发展的精神支撑。一个民族,没有振奋的精神和高尚的品格,不可能屹立于世界民族之林。在五千多年的发展中,中华民族形成了以爱国主义为核心的团结统一、爱好和平、勤劳勇敢、自强不息的伟大民族精神。我们党领导人民在长期实践中不断结合时代和社会的发展要求,丰富着这个民族精神。”③自此确定了爱国主义在民族精神中的核心地位。2006 年 10 月,党的十六届六中全会通过的《中共中央关于构建社会主义和谐社会若干重大问题的决定》第一次明确提出,建设以“马克思主义指导思想,中国特色社会主义共同理想,以爱国主义为核心的民族精神和以改革创新为核心的时代精神,社会主义荣辱观”为基本内容的社会主义核心价值体系，爱国主义成为社会主义核心价值体系的重要内容。

“爱国”是一种朴素的情感，是一种情感态度和价值观念，具有感性的因素，而“爱国主义”则是一个历史范畴，在不同的时代和不同的地域具有特定的内容和特征，是感性的“爱国”的提升，具有理性的特点。上升到理性的“爱国主义”层面的爱国，不仅仅包含着情感色彩，还具备了道德、政治和法律的因素。在此意义上，“爱国主义”是对“爱国”的升华。尽管“爱国”与“爱国主义”的含义和范畴不尽相同，但是两者的核心要旨是一致的，都是爱国精神的体现，是民族精神的核心，是动员和鼓舞全国人民团结奋斗的伟大旗帜，都体现着对祖国的热爱和忠诚，因此本文所提及的“爱国”价值观念是广义上的概念，既包含着一种朴素的情感态度，又包含着“爱国主义”的科学内涵，在后文中不再进行严格地区分。

（二）爱国主义是时代发展的主旋律

习近平总书记在欧美同学会成立 100 周年庆祝大会上的讲话中指出：“在中华民族几千年绵延发展的历史长河中，爱国主义始终是激昂的主旋律，始终是激励我国各族人民自强不息的强大力量。”[④]翻阅五千年中华民族史，尽管每个时代都有自己的意识形态和价值取向，但是爱国始终是每个时代的主旋律，体现着不同时代的爱国主义的特征。

在封建王朝更替中，儒家思想为主流意识形态，爱国既表现为对君王的忠诚，也表现为对国家的热爱，这种忠君爱国思想始终是封建时代的主旋律。战国时期楚国大夫屈原“路漫漫其修远兮，吾将上下而求索”是爱国，南宋岳飞“精忠报国”是爱国，文天祥“人生自古谁无死，留取丹心照汗青”是爱国，清代林则徐“苟利国家生死以，岂因祸福避趋之”是爱国。如果忠君爱国是封建时代爱国者的最鲜明特征，那么心中充满对百姓疾苦的关爱则是另一种爱国，唐代杜甫“安得广厦千万间，大庇天下寒士俱欢颜”是爱国，北宋范仲淹“先天下之忧而忧，后天下之乐而乐”是爱国，清代郑板桥“衙斋卧听萧萧竹，疑是民间疾苦声”是爱国。忠君爱民，这是封建时代爱国主义的两大主题。

1840 年的鸦片战争，使西方列强叩开了中国的大门，中国沦为半殖民地半封建社会，民族独立和解放成为那个时代全体中国人最迫切最根本的使命。腐朽的清王朝只顾及自己的统治，根本无力承担起反抗西方殖民者的重任。在以孙中山为首的无数革命先驱救亡图存的实践和奋斗下，辛亥革命结束了中国几千年的封建帝制，然而民族资产阶级的软弱和西方殖民势力的强大，又使中国陷入军阀混战的局面。1937 年的卢沟桥事变，标志着日本法西斯发动全面侵华战争，灾难深重的旧中国沦为人间地狱。民族危亡之际，每一个爱国者都在寻求着民族解放的道路，但无数次尝试都失败了。

诞生于1921年的中国共产党，真正承担起了民族解放的伟大使命。在中国共产党倡导建立的抗日民族统一战线的号召下，“四万万人齐蹈厉，同心同德一戎衣”，经过十四年抗战，终于取得了近代以来中国人民反抗外国殖民侵略的最伟大胜利。杨靖宇、左权、赵一曼、刘胡兰等等，这些在抗日战争中牺牲的民族英雄和无数无名英烈是最伟大的爱国者。

杨靖宇是鄂豫皖苏区及其红军的创始人之一，也是东北抗日联军的主要创建者和领导人之一，在1927年他就加入了中国共产党。杨靖宇在东北开展抗日革命工作期间，曾五次被捕入狱，经受住了敌人的严刑拷打，坚贞不屈。1940年，杨靖宇在组织东南满反日伪军“讨伐”作战时，在完全缺粮的情况下，只身与敌周旋五昼夜，最终倒在了敌人的机枪扫射下。日军对杨靖宇在没有粮食的情况下在零下二十摄氏度的环境里坚持了五天五夜感到不可思议，就解剖了他的胃。当凶残的敌人剖开他的胃时惊讶地发现，杨靖宇的胃里只有树皮、草根和棉絮，他们不得不佩服杨靖宇是条好汉。杨靖宇用自己的生命告诉我们爱国主义力量的伟大。

中国共产党成为爱国主义最忠实的引领者和实践者，在其领导的解放战争中，正义之师势如破竹，摧毁了国民党的反动统治，最终解放了全中国，中华民族和中国人民从此站了起来！在毛泽东书写的人民英雄纪念碑碑文中这样写道："三年以来，在人民解放战争和人民革命中牺牲的人民英雄们永垂不朽！三十年以来，在人民解放战争和人民革命中牺牲的人民英雄们永垂不朽！由此上溯到一千八百四十年，从那时起，为了反对内外敌人，争取民族独立和人民自由幸福，在历次斗争中牺牲的人民英雄们永垂不朽！"这些人民英雄是中国近代以来最伟大的爱国者，他们用生命和鲜血铸就的爱国主义精神成为中华民族精神的核心。

新中国成立后，无论是在社会主义建设探索时期，还是在今天的改革开放时期，爱国主义有了更为深刻的时代新内涵。中国共产党是爱国主义最坚定的弘扬者和实践者。在我国，爱国首先就体现为对社会主义的热爱和对共产党领导的坚决拥护。中国共产党带领党和人民取得了革命、建设和改革的一项又一项成果，中国共产党是中华民族最根本利益的代表者，这是党在革命、建设和改革实践过程中已经被证明了的结论。爱国主义并不是抽象的，而是具体的，就当代中国而言，爱国主义就是爱社会主义的中国，在此意义上，爱国就是要爱社会主义，只有社会主义才能救中国,只有中国特色社会主义才能发展中国。爱国、爱党和爱社会主义是统一的,也是密不可分的,这是当代中国爱国主义精神最重要的体现。2012 年 11 月 29 日,习近平总书记在参观《复兴之路》展览时提出,“实现中华民族伟大复兴,就是中华民族近代以来最伟大的梦想”;随后习近平总书记又提出实现中国梦的“两个一百年”,即中国共产党成立一百年时全面建成小康社会,新中国成立一百年时实现中华民族的伟大复兴。习近平总书记指出,“历史告诉我们,每个人的前途命运都与国家和民族的前途命运紧密相连。国家好,民族好,大家才会好”。实现“两个一百年”,必须弘扬爱国主义精神,这也是爱国主义在当代的具体使命。

(三)爱国主义的时代价值

爱国主义是一个历史范畴,不同的时代、不同的地域会具有不同的时代特征和地域特征,在全面建成小康社会、实现中华民族伟大复兴的关键时期,爱国主义具有特殊的时代价值。

1. 爱国是公民个体价值准则的基础

在社会主义核心价值观中,爱国是敬业、诚信、友善的基础和前提。社会主义核心价值观是否能够内化于心,外化于行,是否能够真正成为国家、社会、公民的最基本道德遵循，关键在于公民个体层面价值观是否能够真正得以践行。爱国既是公民个体价值准则的基础，也是社会主义核心价值观的根基，爱国统摄国家价值层面准则、社会价值层面准则和公民价值层面准则。没有爱国的这个最基本的价值取向，社会主义核心价值观就会失去自身的动力和方向，因此爱国在社会主义核心价值观体系中是中坚力量。

在公民价值层面的四个准则中，爱国、敬业、诚信、友善既是统一体，又各有侧重。爱国是公民最基本的价值准则，公民的爱国具体表现在哪些方面呢？公民的爱国，首先体现在敬业精神中。时代不同，公民的敬业精神也有所不同。在国家面临存亡之际，每一个公民都是挽救国家于水火之中的革命者，敬业精神就是投入中华民族救亡图存的洪流之中，承担起保家卫国的责任；在国家的和平建设年代，每一个公民都是国家走向富强的建设者，敬业精神就是投入社会主义现代化建设的伟大事业中，为祖国的繁荣富强贡献自己的一份力量。革命年代的革命者、建设年代的建设者、改革年代的改革者，都是时代最伟大的敬业者，也是最伟大的爱国者。公民在平凡的工作中形成的敬业精神，是公民爱国精神最具体的展现。

公民的爱国，其次体现在公民的诚信价值中。诚信是中华民族自古就崇尚的传统美德，在当代更是建设和谐社会的道德保障，没有诚信，国家难言和谐，社会难言美好，公民难言幸福。诚信是人与人之间的一种平等契约，这种契约既有道德层面的约束，也有法律层面的约束。爱国就是要做一名合格的公民，合格的公民既是社会公德的遵守者，也是国家法律的遵守者。公民守诚信，是对国家和社会的真正热爱，也是对自己的真正负责。

公民的爱国，还体现在友善价值之中。公民的友善，既是对他人的友好相待，也是对自己的道德愉悦。在社会生活中，公民不是一个独立的个体存在，时刻都要与他人发生各种各样的人际关系。处理好人际关系，不仅是一名合格公民的本质要求，也是公民自身的生存生活需要。友善是营造和谐关系的重要途径，一个社会人如果不能在自身周围营造一个良好友善的人际关系，那么他是很难生活顺心、工作如意的。爱国、敬业、诚信、友善，是公民价值的统一体，爱国的践行在敬业、诚信和友善之中，而敬业、诚信和友善的实践最终体现了一个公民所应具备的爱国精神。

爱国是公民的基本价值准则，公民的基本价值准则是国家层面价值准则和社会层面价值准则的基础。富强、民主、文明、和谐的国家层面价值追求同样需要公民的爱国。国家的富强需要公民在爱国主义精神的感召下辛勤劳动、为国奉献，国家的民主需要公民在爱国主义精神的引领下理性追求、科学实践,国家的文明需要公民在爱国主义精神的指引下坚守道德、传承文明,国家的和谐需要公民在爱国主义精神的带领下实现人与社会、自然的和谐。自由、平等、公正、法治是从社会层面价值提出的核心价值观,它们同样需要爱国作为其基础和前提。社会的自由需要公民在爱国主义精神的带动下自觉遵纪守法,自觉维护社会公德;社会的平等需要公民在爱国主义精神的指导下自觉遵守平等,营造社会平等氛围;社会的公正需要公民在爱国主义精神的引导下自觉坚持公正,维护社会公平正义;社会的法治需要公民在爱国主义精神的带动下自觉守法护法,从而实现依法治国,建设法治中国。

爱国贯穿于社会主义核心价值观的各个层面,是社会主义核心价值观的最根本遵循,也是公民的最基本准则。爱国既源自于中华民族几千年传承的民族精神,也源自于改革创新的时代精神。当下中国人民正在为实现全面建成小康社会和中华民族伟大复兴的中国梦而奋斗,各族人民更需要在爱国主义精神的统领和激励下,凝聚共识,万众一心,攻坚克难,艰苦奋斗!

2. 爱国主义是中国梦实现的不竭动力

爱国主义是中华民族的核心凝聚力。中华民族由五十六个民族组成,不同的民族语言和文化构成了丰富多彩的中华文化,在各民族大家庭中,爱国主义是各个民族共同的价值追求。千百年来,各民族之间亲如兄弟,共同守护和建设着中华大家园。在国家存亡之际,各民族兄弟万众一心,众志成城,共赴国难。在抗日战争时期,涌现了一大批少数民族抗日英雄,如回族的马本斋、满族的关向应、蒙古族的乌兰夫等,这些少数民族英雄正是在爱国主义精神的感召下舍生取义,赴汤蹈火,不惜牺牲生命捍卫国家的独立和中华民族的尊严。维护祖国统一和民族团结是弘扬爱国主义精神的重要着力点和落脚点。团结就是力量,民族团结就是爱国主义精神的核心凝聚力。从中国共产党把全面建设小康社会作为一定时期内的奋斗目标以来,凝聚力的问题就成为达到此目标的关键与核心。以习近平同志为核心的新一代领导集体在提出实现中华民族伟大复兴的中国梦时,更是强调全民族凝聚力的重要性。习近平总书记在第二次中央新疆工作座谈会上指出:“要在各族群众中牢固树立正确的祖国观、民族观,弘扬社会主义核心价值体系和社会主义核心价值观,增强各族群众对伟大祖国的认同、对中华民族的认同、对中华文化的认同、对中国特色社会主义道路的认同。”

爱国主义精神是团结世界各地华人的凝聚力。抗日战争时期,海外华人同胞以各种方式投身于祖国的抗日战争中。改革开放初期,港澳台同胞和海外侨胞积极支援内地建设,带来了先进的技术和大量的资金,为中国的改革开放事业做出了突出贡献。中华民族伟大复兴的中国梦，不仅属于全体中国人民，也属于所有的中华儿女。习近平总书记指出："中国梦是国家梦、民族梦，也是每个中华儿女的梦。广大海外侨胞有着赤忱的爱国情怀、雄厚的经济实力、丰富的智力资源、广泛的商业人脉，是实现中国梦的重要力量。只要海内外中华儿女紧密团结起来，有力出力，有智出智，团结一心奋斗，就一定能够汇聚起实现梦想的强大力量。"⑤爱国主义精神是统一战线的核心凝聚力，统一战线的前提就是爱国，爱国统一战线是凝聚社会各阶层的重要力量。当前社会利益主体的多元化形成阶层的多元化，爱国主义是各阶层共同的价值追求，爱国主义精神是今天多元化社会的核心凝聚力。

爱国主义是中华民族前进发展的不竭精神动力。中华民族创造的中华文明是世界上唯一没有中断，始终传承至今的伟大文明。中华文明始终延续不断的一个重要因素就在于中华民族精神的灵魂——爱国主义精神。党的十六大报告中指出："在五千多年的发展中，中华民族形成了以爱国主义为核心的团结统一、爱好和平、勤劳勇敢、自强不息的伟大民族精神。"团结统一是中华民族文明得以延续的根本保障，爱好和平是中华民族文明内核的根本特色，勤劳勇敢是中华民族能够创造出灿烂文明的基本保证，自强不息是中华民族文明传承的内生动力，所有这些民族精神都始终贯穿着爱国主义精神。中华民族精神是中华民族前进发展的动力，作为中华民族精神灵魂的爱国主义精神是中华民族前进发展的不竭精神动力。从鸦片战争到今天一百多年的历史，是中国人民的一部爱国主义奋斗史，爱国主义精神始终推动着中华民族在各种艰难险阻中奋力向前！习近平总书记指出："中华民族的昨天，可以说是'雄关漫道真如铁'。近代以后，中华民族遭受的苦难之重、付出的牺牲之大，在世界历史上都是罕见的。但是，中国人民从不屈服，不断奋起抗争，终于掌握了自己的命运，开始了建设自己国家的伟大进程，充分展示了以爱国主义为核心的伟大民族精神。"⑥

爱国主义是中华民族生生不息的精神支柱。今天的中国精神就是以爱国主义为核心的民族精神和以改革创新为核心的时代精神，这种精神是凝心聚力的兴国之魂、强国之魂。实现中华民族伟大复兴的中国梦就是要弘扬中国精神。习近平总书记指出："爱国主义始终是把中华民族坚强团结在一起的精神力量，改革创新始终是鞭策我们在改革开放中与时俱进的精神力量。全国各族人民一定要弘扬伟大的民族精神和时代精神，不断增强团结一心的精神纽带、自强不息的精神动力，永远朝气蓬勃迈向未来！"⑦

二、当代爱国主义与爱社会主义、拥护祖国统一具有一致性

当代爱国主义是爱国、爱党、爱社会主义及拥护祖国统一的统一体,爱国主义和爱社会主义、爱国主义与拥护祖国统一之间具有根本的一致性。伴随着经济全球化的发展和历史虚无主义、极端民族主义的抬头,当代爱国主义面临着严峻的挑战,在这种情况下,更需要明确爱国、爱党与爱社会主义、拥护祖国统一的一致性,将爱国主义与爱社会主义、爱国主义与拥护祖国统一有机结合起来。

(一)爱国主义和爱社会主义相一致

在当代中国,爱国主义与爱社会主义本质上是一致的,爱国主义指的是热爱以马克思主义为指导的有中国特色的社会主义国家,同时也是指自古传承下来的优良品质。因此,社会主义核心价值观中所提倡的爱国,具有承前启后、继往开来的意义。中国是社会主义国家,爱国主义首先表现在对社会主义中国的热爱上。

爱国主义和社会主义的价值追求是一致的。我国的爱国主义始终围绕着民族富强和人民幸福这两大价值追求推动着中国的前进与发展。社会主义本质是解放生产力,发展生产力,消灭剥削,消除两极分化,最终达到共同

富裕。解放和发展生产力是民族富强的根本动力，消灭剥削，消除两极分化，实现共同富裕是人民幸福的根本保证。今天的中国，弘扬爱国主义就是要解放和发展生产力，实现民族富强，就是要消灭剥削，消除两极分化，实现人民的共同富裕，所以爱国主义和爱社会主义是相统一的。十八届三中全会提出的全面深化改革，其目的就是“以促进社会公平正义、增进人民福祉为出发点和落脚点，进一步解放思想、解放和发展社会生产力、解放和增强社会活力，坚决破除各方面体制机制弊端，努力开拓中国特色社会主义事业更加广阔的前景”。以马克思主义为指导的中国特色社会主义本质是增进人民福祉，解放和发展生产力，所以这也从另一个方面证明了爱国主义和爱中国特色社会主义事业是相统一的。近代以来革命、建设和改革的实践证明，只有以马克思主义为指导的社会主义才能救中国，也只有中国自己走自己的特色社会主义道路才能发展中国。热爱中国特色社会主义事业既是爱国主义的本质内涵，也是爱国主义的实践需要。今天的中国特色社会主义事业就是要实现“两个一百年”奋斗目标，即在中国共产党成立一百年时全面建成小康社会，在中华人民共和国成立一百年时建成富强、民主、文明、和谐的社会主义现代化国家。践行爱国主义精神就是要把一切行动投入全面建成小康社会的攻坚阶段中来，坚定信心，凝聚共识，攻坚克难，实现第一个百年目标。

祖国的命运和党的命运、社会主义的命运是密不可分的。中国共产党是爱国主义精神最坚定的弘扬者和实践者，只有中国共产党领导下的社会主义才是中国自己的社会主义，这是中国特色社会主义的本质特征。爱国必然爱党，祖国的命运在党，中国特色社会主义的命运在党，所以，爱国主义就是要热爱共产党和中国特色社会主义。改革开放三十多年来，中国共产党带领全国各族人民为建设富强、民主、文明、和谐的社会主义现代化国家不懈奋斗，取得了举世瞩目的成就。进入21世纪以来，面对国内外发生的巨大变化，十八大报告中做出了科学判断："世情、国情、党情继续发生深刻变化，我们面临的发展机遇和风险挑战前所未有。"为了抓住机遇，化解风险，迎接挑战，习近平总书记提出了全面建成小康社会、全面深化改革、全面依法治国、全面从严治党的"四个全面"重大战略部署。"四个全面"是在新形势下对共产党执政规律、社会主义建设规律和人类社会发展规律的深刻认识。践行爱国主义精神就是要深刻把握"四个全面"重大战略部署，系统学习习近平总书记系列讲话重要精神，坚持爱国和爱党、爱社会主义相统一。

只有意识到并坚持着爱国、爱党、爱社会主义的辩证统一思想，爱国主义才是鲜活的、真实的。爱国主义的具体实践就是要爱党、爱社会主义。弘扬爱国主义精神，就是要坚决拥护中国共产党的领导，自觉接受党的领导。中国共产党是中国特色社会主义事业的领导核心，党的领导核心地位只能加强，决不能削弱。当前国际局势错综复杂，西方某些国家不顾他国发展的实际状况，到处推行所谓的普世价值，原本稳定的利比亚、叙利亚、乌克兰等国深受其害，国家战乱不断，甚至处于分裂状态。中国共产党领导下的中国特色社会主义事业却是一枝独秀，“风景这边独好”。乌克兰等国的深刻教训再次证明了中华民族的伟大复兴必须要坚持党的领导，必须要坚持中国特色社会主义道路。弘扬爱国主义精神，就是要坚决拥护中国特色社会主义伟大事业，坚持道路自信、理论自信、制度自信、文化自信。党的十八大报告明确指出：“在改革开放三十多年一以贯之的接力探索中，我们坚定不移高举中国特色社会主义伟大旗帜，既不走封闭僵化的老路，也不走改旗易帜的邪路。中国特色社会主义道路，中国特色社会主义理论体系，中国特色社会主义制度，是党和人民九十多年奋斗、创造、积累的根本成就，必须倍加珍惜、始终坚持、不断发展。”[⑧]爱党、爱社会主义是鲜活的爱国主义，是真实的爱国主义，必须始终坚持爱国和爱党、爱社会主义的统一。

（二）爱国主义与拥护祖国统一相一致

爱国主义与拥护祖国统一具有高度的一致性，拥护祖国统一是爱国主义的底线原则和基本要求，如果说爱国主义与爱社会主义的一致性主要是对生活在祖国大陆的中华人民共和国公民的基本要求，那么爱国主义与拥护祖国统一不仅是对生活在祖国大陆的中国公民的要求，而且是对全体中华儿女包括港澳台同胞以及海外侨胞的统一的基本要求。邓小平曾经深刻地指出："港澳、台湾、海外的爱国同胞，不能要求他们都拥护社会主义，但是至少也不能反对社会主义的新中国，否则怎么叫爱祖国呢？"⑨

在爱国与爱社会主义这个问题上，爱国与否是最基本的政治原则。由于历史和现实原因，现阶段我国境内存在着两种社会制度：国家的主体实行社会主义制度，香港、澳门和台湾实行资本主义制度，也就是"一国两制"。"一国两制"是邓小平在特定历史背景下为了实现中国的完整统一而提出的基本方针，是党为解决祖国大陆和台湾和平统一的问题以及在香港、澳门恢复行使中国主权的问题而提出的基本国策。"一国两制"之所以能够在香港和澳门成功实行，离不开中华民族共同的爱国主义情感，离不开几千年来形成的共同的文化积淀和纽带。而中国的统一则是"一国两制"的前提，作为香港、澳门、台湾地区的中华儿女，不一定赞成中国内地实行的社会主义制度，却不能损害社会主义祖国的利益，不能不拥护祖国统一，必须坚持爱国主义与拥护祖国统一相结合。

爱国必须要求祖国的统一与和谐,这是爱国主义最核心的思想内涵,任何企图分裂祖国的行为都是违背中华民族意志和爱国主义精神的。因此,在祖国统一的事业上,必须承认世界上只有一个中国,承认台湾是中国领土不可分割的一部分,只有如此才能维护祖国统一。社会主义核心价值观中的爱国是团结统一的代名词,只有高举爱国主义伟大旗帜,共同为祖国的统一大业而奋斗的理想才有实现的可能。

(三)当前爱国主义面临的新挑战

经济全球化是爱国主义面临的重要挑战。经济全球化、世界多极化、信息网络化等一系列世界变革深刻影响着社会主义中国。经济全球化将世界变为同一个工厂和同一个市场,资金的大量流动,人员的国际化,公司的跨国化,市场的一体化等等都深刻影响和改变着人们的生产和生活。中国市场是世界市场的一部分,中国经济受到世界经济的深刻影响。随着经济全球化的进一步发展,某些西方国家宣称:全球治理正在代替国家治理,民族国家已经过时并正在终结。这种言论显然是迷惑视听,别有用心。经济全球化并不代表着政治一体化、文化同质化、民族的终结化。即使在区域一体化程度最高的欧盟,国家与国家之间依旧保持着独立。例如,英国公投脱离欧盟和叙利亚难民问题上，各国从自身利益出发，始终没有达成妥善的解决方案。欧盟的现状有力地证明了区域一体化代替不了国家治理，全球治理代替不了国家治理，民族国家并未过时，也毫无终结之说。

国家是民族根本利益的代表者和维护者，没有国家，就没有民族，更没有民族利益和发展可谈。任何一个民族为了生存和发展都要成为国家的一分子，只有国家的独立和强大才能保障民族的根本利益。经济的全球化推动了国际之间的合作与交流，也促进了政治、文化的互动交流，但并不能实现全球治理。经济全球化时代的爱国主义是保持文化根性的政治诉求，是增强国家综合国力的必然选择、维护国家安全的重要武器，因此在经济全球化的背景下仍然要坚持爱国主义，坚持爱国主义与爱社会主义和拥护祖国统一相结合。

近年来，历史虚无主义喧闹一时，国家虚无主义更是以否定马克思主义国家观，丑化社会主义中国历史为手段，借经济全球化和一体化，否定中国特色社会主义事业，这是爱国主义面临的理论上的挑战。这种国家虚无主义容易消解弱化国家主权，进而否定党的领导和社会主义事业，这完全是与爱国主义精神背道而驰的，甚至是一种叛国行为。一百多年的革命、建设和改革历史已经深刻地证明只有共产党才能救中国，只有社会主义才能发展中国，只有走中国特色社会主义道路才能实现中华民族伟大复兴的中国梦。历史虚无主义和国家虚无主义无视历史发展的客观规律,无视社会主义中国的发展历史,完全是别有用心,另有企图。弘扬爱国主义精神就是要坚持爱国主义与爱社会主义的统一,坚决与历史虚无主义和国家虚无主义做斗争,坚持我们的道路自信、理论自信、制度自信、文化自信。

极端民族主义是爱国主义面临的严重挑战。这些极端民族主义分子打着民族主义的大旗,但目的和民族根本利益背道而驰。他们宣称的民族利益完全违背国家利益,他们利用民族主义实现国家的分裂企图,这是任何一个爱国者决不能容忍的行为。极端民族主义常常有一套自己的意识形态理论,这些理论很有欺骗性,但其目的和内容掩盖不了分裂国家的企图。中华民族大团结来之不易,是各族儿女在长期艰苦奋斗中付出巨大代价换来的民族根本利益,任何企图破坏民族团结的行为和言论都应该受到法律的制裁和道义的谴责。在极端民族主义抬头的情况下更需要坚持爱国主义与拥护祖国统一相结合,为实现中华民族的统一和复兴奠定基础。

经济全球化、国家虚无主义、极端民族主义是当代爱国主义面临的三大挑战。三者具有共同的特点,即都有一套看起来很完善的理论,都能迷惑一些缺少辨别能力的人，实质都是妄图颠覆党的领导和社会主义事业，企图分裂祖国，蓄意破坏民族团结。三者具有很强的隐蔽性，隐蔽性越强，危害性就越大，只有爱国立场坚定，才不容易受影响。应对这三者的挑战，就必须坚定弘扬爱国主义精神，坚持爱国主义和爱党、爱国、爱社会主义、拥护祖国统一相结合，要从中国特色社会主义理论出发，用理论击破这些歪理邪说。

此外，不重视爱国主义教育、违背社会主义原则、诽谤党、破坏民族团结、不尊重中华民族历史和文化、狭隘地故步自封等行为都是不爱国的行为。一些不理性的所谓“爱国行为”则会阻挠国家的繁荣昌盛。例如，近期一些地区的肯德基店门前出现一部分人拿着国旗，举着标有“你吃的是美国的肯德基，丢的是老祖宗的脸”的横幅。这种行为绝不等同于爱国主义。这一事件背后是一些举着“爱国”旗号的人为制造话题，进行政治营销，本质上是损害爱国主义的行为，因为它让真正的爱国者背了黑锅。广大民众除了要有爱国的心，更要有爱国的理性，充分辨识一切打着爱国幌子却有损国家利益、民族利益的行为。

三、培育和践行爱国主义价值观的着力点

培育和践行爱国主义价值观要坚持四项基本原则，坚

持共产党的领导，在中国共产党的领导下实现爱国主义、爱社会主义、拥护祖国统一的有机结合；要大力推行爱国主义教育，增强民众文化素质，要培育广泛的文化基础；要依托开放创新为爱国主义提供强大动力。这些内容是培育和践行爱国主义价值观的着力点。

（一）坚持爱国主义与坚持共产党领导、维护国家统一相结合

培育和践行爱国主义价值观必须要坚持爱国主义与四项基本原则的统一，坚持以党的领导为核心的四项基本原则，将党的领导和依法治国结合起来，维护祖国统一、社会稳定和民族团结。习近平总书记在中共中央政治局第二十九次集体学习时的讲话中指出："在新的时代条件下，弘扬爱国主义精神，必须把维护祖国统一和民族团结作为重要着力点和落脚点。"[10]培育和践行爱国主义精神，必须以四项基本原则为指导，维护祖国统一和民族团结。

培育和践行爱国主义精神，重点在于政治局面的统一，这就要维护好全国各族人民相互团结的局面，要不断增强各民族间在祖国统一、共建社会主义美好家园方面的认同感。中国是一个多民族的国家，国家在民族地区实行民族区域自治政策。五十六个民族，是亲如兄弟姐妹的一家人。在全面建成小康社会的伟大征途上，哪一个民族都

不会被落下。小康社会是五十六个民族的小康，是中华民族大家庭的小康。要增强对伟大祖国的认同，这是爱国主义精神的题中应有之义。各民族之间尽管语言、文化、风俗等不尽相同，但爱国是每个民族共同的价值。只有国家的安定繁荣，才有各民族的幸福生活，没有统一稳定的国家，哪个民族都谈不上能够真正幸福发展。叙利亚的今天是最好的警示，无论哪个民族，在国家战乱、政局混乱的情况下，都无法安定有序地生活，甚至连最基本的生命安全都无法得以保证。认同国家，热爱国家，在国家的发展中实现各民族的发展，各民族的共同发展又推动国家更加繁荣昌盛。要增强对中华民族的认同，就不能仅仅把中华民族看成一个符号，中国是实实在在的由五十六个民族共同组成的，五十六个民族缺一不可，失去任何一个民族的团结，都会失去中华民族的繁荣稳定。

中华民族之所以能够长期屹立于世界民族之林，就在于中华民族大家庭的共同发展，共同繁荣。自古中华大地上的各个民族就相互交流相互借鉴乃至相互融合，也因此创造了举世瞩目的灿烂文明。要增强对中华文化的认同，中华文化是中华民族精神的载体，是中华文明得以传承和发展的载体。在五千年的历史发展中，以儒释道为核心的中华文明核心体系是各民族共同创造和发展的，中华文明不仅滋养了一代又一代的中国人，还远播东亚和东南亚。

培育和践行爱国主义，就是要尊重和传承中华优秀传统文化和中华民族的光辉历史。增强对祖国悠久历史、深厚文化的理解和接受，这是中国人爱国主义情感培育和发展的重要条件。习近平总书记在中共中央政治局第二十九次集体学习时的讲话中指出："要以时代精神激活中华优秀传统文化的生命力，推进中华优秀传统文化创造性转化和创新性发展，把传承和弘扬中华优秀传统文化同培育和践行社会主义核心价值观统一起来。"[11]要增强对中国共产党的认同，增强对中国特色社会主义的认同。爱国主义和爱党、爱社会主义是相统一的，培育和践行爱国主义必须要热爱中国共产党，热爱中国特色社会主义。

培育和践行爱国主义精神，必须维护好国家的主权和领土完整，必须旗帜鲜明地反对任何图谋分裂中国的举动和破坏民族团结的言行，只有国家统一、民族团结、社会稳定，国家才能长治久安，人民才能安居乐业。国家主权独立是国家的最高利益，维护国家主权、安全、发展利益是爱国主义的最根本要求。维护国家主权和安全首先要坚决抵制西方敌对势力的"颜色革命"，由西方主导的"阿拉伯之春""茉莉花革命"使中东国家陷入了混乱的政治局面，民主和自由并不是万能药，一旦水土不服，不仅不能"治病"，还会滋生"病毒"，叙利亚难民的欧洲避难之路堪称中东地区最大的悲剧。世界因为文化和文明的多样而精彩，文化、文明的不同，自然会有政治发展模式的不同，每个国家都有权利选择适合自己发展的道路，任何国家都无权干预他国发展。所谓的普世价值，不过是一种政治上的霸权行为，毫无公平正义可言。维护国家主权和安全还要抵制国内的民族分裂势力和“台独”势力妄图分裂祖国的行为。极端民族主义和境外恐怖主义相互勾结，企图分裂祖国，全体中国人民都应该坚决抵制这种违法行为，坚决与分裂祖国的极端民族主义做斗争。台湾自古以来就是中国毫无争议的领土，由于历史问题，造成了海峡两岸的

一大批有志青年怀揣着保家卫国的梦想，扎根边疆，用青春和忠诚守护着国家的主权和领土。图为中国海军哨兵在南沙群岛赤瓜礁上站岗

现状,“九二共识”达成的“一个中国”一直是两岸政治互信的基础,然而“台独”势力数典忘祖,企图将台湾从祖国分裂出去,这是全体中华儿女绝不能容忍的事情,必须坚决捍卫两岸和平、一个中国。近年来,中日钓鱼岛争端、南海诸岛争端问题成为热点,今天的中国已不再是甲午战争时的中国,海疆国土寸土必争,寸海必守。国家的主权、安全、发展利益高于一切,一切的爱国主义都必须维护国家统一、民族团结和社会稳定。坚决与分裂国家、图谋和破坏民族团结的行为做斗争。

(二)坚持推行和深化爱国主义主题教育

爱国作为社会主义核心价值观的有机构成部分,必须优先于其他价值观概念,在践行社会主义核心价值观中也必须处于首要且核心的位置。培育和践行爱国主义精神最重要的实践要求就是把爱国主义教育作为永恒的主题,进而增强民众文化素质,为爱国主义的培养和践行奠定广泛的文化基础。

要把爱国主义教育贯穿国民教育和精神文明建设的全过程。习近平总书记在中国文联十大、中国作协九大开幕式上的讲话中指出:“祖国是人民最坚实的依靠,英雄是民族最闪亮的坐标。歌唱祖国、礼赞英雄从来都是文艺创作的永恒主题,也是最动人的篇章。我们要高扬爱国主义主旋律，用生动的文学语言和光彩夺目的艺术形象，装点祖国的秀美河山，描绘中华民族的卓越风华，激发每一个中国人的民族自豪感和国家荣誉感。对中华民族的英雄，要心怀崇敬，浓墨重彩记录英雄、塑造英雄，让英雄在文艺作品中得到传扬，引导人民树立正确的历史观、民族观、国家观、文化观，绝不做亵渎祖先、亵渎经典、亵渎英雄的事情。”国民教育是公民系统接受教育的主要制度保障，要把爱国主义教育贯穿到幼儿、小学、中学、大学和研究生教育中，只要有国民教育的地方，就要把爱国主义教育作为学生思想品德教育的核心。要把爱国主义教育内容写进教材，通过课堂教学“润物细无声”地陶冶学生的爱国情操。要根据学生年龄的不同开展丰富多彩的爱国教育实践活动，引导学生既要深刻理解爱国主义精神，又要将爱国主义精神化为具体的行动，在平凡的学习生活中做一名合格的爱国者。要把爱国主义作为精神文明建设的主要内容贯穿精神文明建设全过程。物质文明和精神文明两手都要抓，都要硬。精神文明是国家的软实力，不仅对物质文明建设具有促进作用，也是中华民族伟大复兴的重要内容。

要深化爱国主义教育研究和爱国主义精神阐释，不断丰富教育内容，创新教育载体，增强教育效果。爱国主义教育要想取得良好的效果，就必须准确阐释并深刻把握爱国主义精神的实质。阐释不准确,把握不深刻,容易在教育中误导学生,甚至不仅达不到教育效果,还会造成负面影响。要结合爱国主义精神不断地丰富教育内容,时代在变化,爱国主义的精神不会变,但是承载爱国主义精神的事迹和人物可以随时代而改变。时代创造楷模,楷模也代表每个时代的爱国情怀。以许海峰为代表的中国体育健儿一次次地创造历史,诠释何为爱国,却鲜为今天的青少年所知晓,而今天新一代女排重新赢得世界冠军,宁泽涛成为世锦赛历史上第一个夺得男子百米自由泳冠军的亚洲人,这些年轻的楷模用实际行动为青少年上了生动的一课,也更容易被青少年接受。

要根据时代特点不断地创新教育载体,今天以移动互联网为核心的信息网络技术成为获取信息和学习生活必不可少的工具,因此我们要将爱国主义教育和移动互联网结合起来,利用学生喜闻乐见的形式,使学生能够轻松愉快地接受爱国主义教育,培养爱国主义精神,以实际行动践行爱国主义。要把爱国主义切实地纳入社会主义核心价值观内来思考,要在广大青少年中开展深入持久、生动活泼、寓教于乐的爱国主义宣传教育。只有如此才能在青少年一代中内化于心,外化于行。爱国情怀是需要培养的,只有砥砺他们的爱国之志,实践他们的爱国之行,才能让爱国主义精神代代相传,发扬光大。

要充分利用我国改革发展的伟大成就和重大历史事件纪念活动等来增强人民的爱国主义情怀。改革开放三十多年来,我国经济社会建设取得了巨大的成就,经济总量稳居世界第二,综合国力处于世界前列。我们成功举办北京奥运会,神州载人飞船计划不断推进,探月工程顺利开展,高铁总里程目前位居世界第一位,等等,这些数不清的建设成就是爱国主义教育最生动的素材。这些成就是在中国共产党的坚强领导下取得的,是在坚持中国特色社会主义道路下取得的,这些成就更加鲜活生动地证实了爱国和爱党、爱社会主义是相统一的。

要充分利用中华民族传统节庆日、爱国主义教育基地、国家公祭仪式等来传播爱国主义精神,唱响爱国主义主旋律。2014 年,国家将每年的 9 月 3 日法定为中国人民抗日战争胜利纪念日,同时将 12 月 13 日法定为南京大屠杀死难者国家公祭日,随后在胜利纪念日和国家公祭日进行了隆重的纪念活动。2015 年 9 月 3 日,在中国人民抗日战争胜利 70 周年纪念日这天,天安门广场举行了盛大的抗战胜利阅兵仪式。这次阅兵不仅是对战争胜利的纪念,也是向世界展示追求和平、反对战争的决心和信心。当抗战老兵和人民解放军走过天安门广场时,每一位中国人的爱国之情油然而生,都为今天祖国的繁荣富强感到骄傲和自豪。

要运用丰富多彩的艺术形式和互联网新媒体，做到以理服人、以文化人、以情感人，让爱国主义成为每一个中国人的精神依靠和坚定信念。要大力开展中华优秀传统文化教育，通过历史研究、文学作品、影视作品等多种艺术形式，加强爱国主义、社会主义教育，引导广大青少年树立和坚持正确的历史观、文化观、民族观、国家观，增强做中国人的骨气和底气。

（三）坚持以爱国主义为核心的民族精神与以改革创新为核心的时代精神的统一

培育和践行爱国主义价值观必须要坚持以爱国主义为核心的民族精神和以改革创新为核心的时代精神的统一。以爱国主义为核心的民族精神和以改革创新为核心的时代精神具有统一性，两者相辅相成、相互支撑，并统一于建设中国特色社会主义的伟大实践之中，民族精神不是僵死的概念，而是具有生命活力的精神，它在新时期依托于新的思想力，只有坚持培育以爱国主义为核心的民族精神，才能使时代精神不失本色。培育和践行爱国主义价值观必须要坚持改革和创新，为民族精神的培育提供强大动力。

创新精神是中华民族传统文化的继承和发展，在《诗经》中就曾出现“周虽旧邦，其命维新”，商汤《盘铭》中也提到“苟日新，日日新，又日新”，《周易》中讲到“天行健，君子以自强不息”。在中华文明的源头，我们的先祖就告诉我们，无论是国家还是个人，都要求新，都要自强不息；无论是国家、民族还是个人都需要创新精神，没有创新精神就没有发展的出路，就会失败，就没有希望，这种敢于创新、勇于创新的精神也是爱国主义精神的具体体现。一代又一代的中国人，肩负着“国家兴亡，匹夫有责”的担当，为追求国家的强大和人民的幸福，创造了辉煌灿烂的中国古代文明。在过去几千年的历史发展中，中华文明始终处于世界领先水平。然而到了近代，工业革命摧毁了封建农业生产，在这个深刻变革的工业化时代，中国曾一度落后于西方发达国家，中国人民没有放弃中华民族重新屹立于世界民族之林的愿望，经过革命探索，找到了马克思主义，在马克思主义的指导下，中国共产党带领中国人民取得了民族的解放、国家的独立，并建立了社会主义制度。在社会主义建设时期，虽然走过了一些弯路，但是中国人民在中国共产党的带领下，实行改革开放的伟大创举，从此找到了国家强大的发展道路——中国特色社会主义道路。时至今日，中国的综合国力已经位居世界前列，GDP 已经达到了世界第二。近现代中国发展的历史也一再证明中国的发展、中国梦的实现必须依托创新精神，培育民族精神必须要依托创新，只有创新才能为以爱国主义为核心的民族精神提供强大的动力。

党的十八届五中全会上提出了“创新、协调、绿色、开放、共享”的五大发展理念，创新位于五大发展理念之首，是我国经济发展和转型的关键驱动因素，也是实现“五位一体”总体布局下全面发展的根本支撑和关键动力，是党坚持全心全意为人民服务的必然选择。爱国主义情感要求党从人民的利益和民族的利益出发，维护人民的利益和中华民族的利益，以改革创新为核心的时代精神也是爱国主义情感的表现。在培育和践行爱国主义价值观的过程中，必须要坚持创新发展的理念，培育爱国主义情感，为爱国主义价值观的培育和践行提供强大动力，共同助力中华民族复兴中国梦的实现。

注释

①习近平. 习近平在中共中央政治局第二十九次集体学习时强调大力弘扬伟大爱国主义精神为实现中国梦提供精神支柱[N]. 人民日报，2015－12－31(1).

②[苏联]列宁. 列宁全集：第35卷[M]. 北京：人民出版社，1988：187.

③江泽民. 江泽民文选：第3卷[M]. 北京：人民出版社，2006：559.

④习近平. 习近平谈治国理政[M]. 北京：外文出版

社,2014:58.

⑤习近平.习近平谈治国理政[M].北京:外文出版社,2014:63.

⑥习近平.习近平谈治国理政[M].北京:外文出版社,2014:35.

⑦习近平.习近平谈治国理政[M].北京:外文出版社,2014:40.

⑧中国共产党第十八次全国代表大会文件汇编[G].北京:人民出版社,2012:11.

⑨邓小平.邓小平文选:第2卷[M].北京:人民出版社,1994:392.

第二章 敬业是职业道德的灵魂

敬业是社会主义核心价值观中个人价值层面的重要准则。敬业是爱国的具体表现,也是公民应具有的基本道德遵循,对于弘扬爱国主义和推动社会发展进步具有不可替代的作用。忠于职守,克己奉公,服务人民,服务社会,既是一个公民安身立命的根本,也是一个走向强大国家的公民应具有的精神品质。

敬业是社会主义职业道德的核心灵魂,是社会主义职业精神的具体展现。从古至今,中华民族有着浓厚的敬业传统,敬业精神也是儒家价值观的一个核心内容。孔子的“执事敬”,朱熹的“专心致志,以事其业”,都是对敬业精神的凝练概括。党和国家的历代领导人都大力倡导敬业精神的培育,中国共产党的宗旨是“全心全意为人民服务”,敬业精神是我党宗旨的一个具体体现。执政党需要敬业精神,公民更需要敬业精神,在全面建成小康社会的决胜阶段,发扬全体公民的敬业精神,是我们事业取得成功的重要保障。

一、敬业的内涵、意义及要求

(一)敬业的形成

敬业在中华民族精神的发展中源远流长。《礼记》讲的“敬业乐群”是指敬业对于群体和谐的重要性。《论语》中讲到“君子务本,本立而道生”,更是指出了只有敬业,坚守根本,才能达到中国人追求的最高目标——“道”。敬业不仅是个人物质生存的保证,也是个人精神追求的保证。没有敬业,不能脚踏实地,任何目标和理想都是无法实现的。梁启超认为敬业就是要“凡做一件事,便忠于一件事,将全副精力集中到这事上头,一点不旁骛”。新中国成立以来,党和政府高度重视敬业精神在社会主义现代化建设中的巨大作用。1996 年,党中央将“爱岗敬业”在内的职业道德作为加强精神文明建设的重要内容。2001 年,“敬业奉献”成为《公民道德建设实施纲要》中公民应具备的基本道德规范之一。2012 年,“敬业”成为十八大报告中所提出的社会主义核心价值观的基本内容之一。

话剧《立秋》中有这样一副对联:“天地生人,有一人应当有一人之业;人生在世,生一日当尽一日之勤。”这副对联写出了“敬业”二字的深刻内涵。所谓敬是尊敬、恭敬、敬畏，以虔诚勤奋为敬；所谓业是事业、职业、业务，是人类生存发展的根本。敬业具体表现为有一颗虔诚的心灵敬畏工作，有一种负责的态度担当工作，有一手专业的技能干好工作，有一腔热情的追求胜任工作。每个公民通过扎实地工作不仅为个人生存发展创造必要的物质条件，也为社会和国家发展做出应有的贡献，同时还在敬业爱岗中不断丰富和提升自己的精神生活追求，最终实现自己的人生价值。敬业精神就是要在工作中树立主人翁的责任感和事业心，主人翁就是要把从事的所有工作作为自己的事业，没有对待不同工作的分别心。敬业精神就是要干一行爱一行，干一行专一行，既要有对事业的热爱精神，又要有做好事业的能力。

敬业作为价值观的概念范畴，具体表现在精神和能力两大层面。精神层面主要体现为忠于职守、乐于奉献、辛勤工作的精神面貌，能力层面主要体现为具备良好的业务技能。二者是相互统一，互为促进的。精神层面是价值主导，能力层面是实现途径。敬业的精神层面处于价值主导地位，是敬业的核心和灵魂。精神层面又分为态度和情感两部分。态度部分主要表现为忠于职守的工作态度，态度决定一切，对工作的态度是敬业的具体表现。忠于职守首先要求具有献身精神，献身精神是一种自我牺牲的精神，忠于职守就必须要勇于献身,敢于献身。不同的人从事同一份工作,会有不同的工作业绩。拥有献身精神的人就是将自己全心全意投入工作当中,这种全身心的投入一定会换来丰硕的成果。而没有这种强烈的献身精神,对待工作三心二意,那么收获的成果也就寥寥无几。为了获得更丰富和全面的收获,就必须具有献身精神。忠于职守其次要求具有责任感,没有责任感就没有担当,对工作没有责任感就无法达到相应的要求,更不要说敬业精神。责任感是职业道德的基础,没有责任感的敬业是一种表面的敬业,责任感既是对工作的负责,也是对他人和社会的负责,更是对自己的真正负责。

习近平总书记在浙江担任省委书记时就撰文《敬业乐业为美德》。他说:“敬业是一种美德,乐业是一种境界。”朱熹说:“敬业者,专心致志以事其业也。”对待本职工作,应常怀敬畏之心,专心、守职、尽责,干一行、爱一行、钻一行,尽心竭力、全身心地投入。要精其术,不拘泥于以往的经验,不照搬别人的做法,力求做得更好,成为本行业的行家里手。人生不满百年,做的也就是那么些事。做一件事情,干一项工作,应该创造一流,力争优秀。要竭其力,对待事业要有愚公移山的意志,有老黄牛吃苦耐劳的精神,着眼于大局,立足于小事,真抓实干,务求实效,努力在平凡的岗位上做出不平凡的业绩。要乐其业,对工作有热情、激情，始终保持良好的精神状态，把承受挫折、克服困难当作对自己人生的挑战和考验，在克服困难、解决问题中提升能力和水平，在履行职责中实现自身的价值，在对事业的执着追求中享受工作带来的乐趣。

人的生命是有限的，每一份工作都是有价值的，一个人在对工作的责任感中不断历练和提高自己，创造更多价值，才会使生命拥有更丰富的意义。情感层面就是要爱岗敬业，做到干一行爱一行。情感是一个人不竭的精神源泉，只有情感的投入才能做到真正的爱岗。爱岗不仅是热爱自己感兴趣的工作，还在于热爱自己不感兴趣的工作，往往后者更能判断出一个人是否真正爱岗。一个人本应该把自己的兴趣作为自己的工作，但在现实中往往未必如愿。不感兴趣未必不需去爱，一个爱岗的人会把自己不感兴趣的工作培养成自己的兴趣所在，这就是干一行爱一行，能够做到这一点就是真正的敬业。一个人的能力层面是做到真正敬业的实现途径。一个热爱工作的人一定是能把工作做得更好的人，如果没有较高的业务能力素质，就很难将工作做得更好。敬业不能只在精神层面，精神层面的态度和感情必须要转化到业务能力上，二者不可分割，是统一的有机整体。

（二）敬业的价值

劳动创造了人类，生产劳动是人类第一个历史活动，是人的生命存在、人的发展和全部社会的基础。敬业就是对待生产劳动和人类社会发展的一种根本价值态度。“业”是根本,“敬”是对待业的正确态度。几千年的人类文明是人类劳动创造的成果,也正是劳动,推动着文明不断地发展进步。无论是中华民族几千年高度发达的封建文明,还是英国工业革命带来的资本主义文明的快速发展,以及今天的信息化网络化高度发达,这些都是人类生产劳动创造的结果。辩证唯物主义认为,生产力决定生产关系,生产关系对生产力具有能动的反作用。生产力的发展来自于生产劳动的创造中,来自于劳动者的“敬业”精神中,同时生产劳动中的人与人之间的关系是生产关系的重要体现。发展生产力,就必须依靠生产劳动,而生产劳动的顺利开展,则在相当程度上有赖于劳动者的敬业精神。在敬业精神的感召下,广大劳动者努力在生产劳动中实现创新和发展,继而推动人类文明的进步。尊敬生产劳动,敬畏生产劳动,不仅是个人和人类社会的现实需要,而且是对人类自身最深切的关怀和负责。一个人的敬业精神决定着他个人事业的成败,一个国家公民的敬业精神也深刻影响着国家的发展和进步。敬业能够成为社会主义核心价值观中个人层面价值的内容,是由敬业的自身意义决定的,敬业的意义主要体现在以下几个方面。

第一,敬业是人类社会存在和发展的需要。马克思在

《1844年经济学哲学手稿》中指出："工业的历史和工业的已经产生的对象性的存在，是一本打开了的关于人的本质力量的书。"[①]而人的本质力量，就是自由自觉的活动，即劳动。敬业就是要尊重生产劳动，尊重人的本质力量。敬业精神是推动生产力创新发展的根本保障。干一行爱一行，干一行钻一行，只有真正投入行业内，才能成为行业的专家能手，也才具备了推动行业发展进步的业务能力。没有敬业精神，工作和事业不入心、不入脑，只是流水线上的"机械工"，这样虽能保证生产的顺利进行，但是很难成为创新的专业人才，也很难推动行业的升级换代。杂交水稻之父袁隆平就是在本职工作中充分发挥了个人的敬业精神才创造了巨大的成功，为人类的粮食保障做出了杰出的贡献。

第二，敬业是中华民族的传统美德。中华文明五千年连绵不断，中华文明曾一度长期领先于世界文明，归根结底在于中国人民的敬业精神和辛勤劳动。在这种敬业精神的引领下，四大发明推动人类文明进步，辉煌灿烂的中华文明影响遍及东亚，形成了中华文明圈。这些都是中国人民勤劳的成果，都是敬业精神的具体展现。培育敬业精神是中华优秀文化的内在要求，也是传承和弘扬中华优秀传统文化的题中应有之义。

第三，敬业是社会主义市场经济发展的内在要求。充分发挥市场在资源配置中的决定性作用,也就是使市场参与者能够得到更充分的竞争。无论是技术革新的竞争,还是企业高效管理的竞争,社会主义市场经济对企业劳动者和管理者提出了更高的要求,实现这些要求并在竞争中保持不败就要发挥敬业精神。

第四,敬业是实现人生价值的需要。一个人无论追求什么样的价值,都要寻找到实现价值的途径,这个途径就是劳动。不管是体力劳动还是脑力劳动,劳动都决定着人的生命意义。工作就是实现价值的劳动,也是实现价值的根本途径。敬业就是要把价值追求和工作结合起来,价值追求决定着工作的方向,工作最终实现价值追求。古往今来,能够实现人生理想,完成价值追求的人们有一个共同的特点就是敬业。“鞠躬尽瘁,死而后已”是诸葛亮的敬业体现,“业精于勤荒于嬉,行成于思毁于随”是朱熹的敬业体现,也是他对后来人的谆谆教导。“全心全意为人民服务”是我们党的根本宗旨,也是我们党始终能够带领人民获得一个又一个胜利的重要保证。一个人没有对工作的虔诚之心和尊敬之心,是无法把工作做好的,没有敬业精神,离开了工作,个人价值的实现根本无从谈起。“君子务本,本立而道生”。一个人如果想要找到自己的人生之道,就必须要务本,就必须要敬业,在本职工作中实现真正的人生价值。

第五,敬业是职业道德的核心。在现代社会,职业道德越来越成为职场的必备素养。一个人做不到敬业就无法说其拥有良好的职业道德。而在人与人竞争越来越激烈的今天,敬业成为在竞争中胜出的保证。坚守职业道德就是要做到敬业爱岗,能够做到敬业爱岗的人也就会越来越受到欢迎。

第六,敬业是个人安身立命的基础。工作是一个人生存和发展的基本保障。任何工作都能保障一个人的基本物质生存和实现一个人的理想追求。在生存的现实和发展的理想之间,敬业既是二者的基础,也是二者之间的桥梁。一个人的一生可以说就是在生存和发展中度过的,所以人生的价值也就在生存和发展之中。敬业既是个人生存发展的基础,也是安身立命的基础。没有敬业,身不能安,命亦不能立,也就实现不了人生的价值。敬业是一个人的本分,也是一个普通人的智慧所在。

第七,敬业是实现中国梦的动力之源。2012 年,习近平总书记提出了实现中华民族伟大复兴的中国梦。中国梦成了今天指引中国人民前进的奋斗旗帜。中国有梦,梦在脚下。实现伟大的中国梦就必须坚持走中国特色社会主义道路,坚持道路自信、理论自信、制度自信和文化自信。中国特色社会主义的伟大实践是党和人民最宏大的事业,实现中国梦,全体人民就必须要“敬业”,即对中国特

在当代，一大批人把满腔热血和激情投入到自己的本职工作中，默默奉献，无怨无悔，在平凡的岗位上做出了不平凡的业绩。图为 2015 年“感动中国”十大人物莫振高校长和孩子们在一起

色社会主义事业始终保有忠诚和尊敬。坚持和发展中国特色社会主义事业必须在全体劳动人民中培养敬业精神。伟大的事业需要艰辛的劳动，需要数以亿计具有高度敬业精神的劳动者。

中国梦既是一个国家的梦想，也是每一个中国人的梦想。国家的梦想就是人民的梦想，人民的梦想也是国家的梦想。只有在实现中国梦的伟大征程中，将每一个中国人追梦的力量汇聚成一个国家追梦的力量，才会为中国梦的实现提供强大的动力。每一个中国人的追梦力量就是在工作中的敬业精神，这种精神是一种无穷的力量，是实现中国梦的动力之源。敬业爱岗就是要将个人梦想与国家梦想统一起来，将数以亿计的个人力量团结起来，脚踏实地，艰苦奋斗，最终实现个人和国家的共同梦想。

（三）敬业的要求

敬业对于个人来说既是一种生存方式，一种道德品质，一种价值准则，也是一种精神追求。敬业对于国家来说是一种前进动力，一种发展保障，一种核心价值，一种精神财富。从个人来说，敬业就是要尽最大的努力，以满腔的热情、专业的知识把本职工作和事业做到最好。敬业不仅要有奉献精神，把从事的工作作为自己的使命和追求，还要有“匠人”精神，持之以恒，甘于寂寞，能够在平凡中做出不平凡的成绩来。敬业也是一种自觉的精神品质，不是“要我”爱岗敬业，而是“我要”爱岗敬业。对国家来说，敬业就是要凝聚人民的力量，形成社会发展进步的推动力量。

敬业是一种务实态度和勇于担当的精神，也是全心全意为人民服务的题中应有之义。敬业无论是对个人还是对国家都有着重要的意义，敬业作为社会主义核心价值观个人层面的价值准则就是它的重要意义的体现。在“爱国、敬业、诚信、友善”中，敬业是公民爱国的具体体现，爱国又是公民敬业的价值意义，所以敬业是个人和国家发展进步的统一要求。

1. 营造尊重劳动和劳动者的社会氛围

“劳动最光荣”一直是我们社会的传统，敬业就是要热爱劳动。劳动又分脑力劳动和体力劳动，无论是脑力劳动者还是体力劳动者，虽有分工，但都是一样值得人们尊重的，所有的劳动都是平等的。敬业也是如此，无论从事什么样的行业或工作，敬业的本质都一样，敬业所产生的劳动价值虽有不同，但是敬业精神都一样值得尊敬。

劳动是平等的，敬业精神也是没有区别的，所以只要是敬业的劳动者都值得尊敬。在社会主义社会，剥削阶级被消灭，一个阶级无偿压榨另外一个阶级劳动的丑恶现象被消除，劳动成为人民满足日益增长的物质文化生活需要的自愿行为。所以，劳动者都是平等的，社会主义国家的公民都是劳动人民。劳动平等和劳动者平等是社会主义国家的基本特征。弘扬敬业精神，就是要在全社会营造尊重劳动和劳动者的良好氛围，“以辛勤劳动为荣，以好逸恶劳为耻”，鼓励人民在劳动中实现自己的人生价值，为社会做出应有的贡献。

2. 发扬刻苦勤奋和苦干实干的光荣传统

刻苦勤奋、苦干实干是敬业精神的基本要求。敬业就要“勤”字当头，中国古人讲“一勤天下无难事”就是这个道理。

勤奋是敬业的本质要求，也是敬业的主要体现。工作能力有高低，但是刻苦勤奋的精神是没有高低的。任何人的成功，都是刻苦勤奋的结果。中华民族是一个勤劳的民族，不仅创造了灿烂辉煌的古代文明，还在今天的改革开放进程中创造了举世瞩目的“中国奇迹”，这些成就的背后是一个民族长期以来坚持的勤劳传统。没有勤奋，就谈不上敬业，任何成就不可能在对待事业的懒惰态度中取得。

苦干实干也是敬业的内在要求，中华民族向来有“实干兴邦，空谈误国”的传统，敬业就是要在工作和事业中苦干实干。苦干是持之以恒，实干是踏实务实。一项事业的成功绝不是一蹴而就的，敬业就是要持之以恒，坚持不懈。中华民族伟大复兴的中国梦不是挂在嘴边的口号，也不是顷刻间就能梦想成真，而是要在踏实务实的一点一滴中坚持不懈地奋斗出来的。没有苦干实干，梦想永远只是梦想。

3. 加强自觉学习和增强本领的主动意识

敬业不仅要有敬业的精神和态度，还要有敬业的能力，也就是说真正的敬业不仅是精神上的完全投入，还要真正地创造出价值来。敬业要求我们要有加强自觉学习和增强本领的主动意识。劳动的目的是为了创造价值，敬业的目的是为了创造更多和更好的价值。一个人的工作业绩和社会贡献是衡量其敬业价值观的客观标准。自觉学习，既是知识的积累，也是认知能力的提高。

加强学习是劳动者综合素养提高的重要途径，劳动者的素质能力决定着其工作和事业价值所达到的高度。随着科学技术的日益发展，社会对劳动者知识技能的要求越来越高，尤其是信息化网络化的社会，新技术新发明层出不穷，如果不能保持学习能力，就很难跟上时代步伐，也就很难创造出更多和更好的价值。敬业不能空谈，空谈只能是没有水分的花朵，绽放几日便会枯萎，更不会结出果实来。

敬业就要有实打实的业务能力，俗话说："打铁还需自身硬。"自身不硬，无法打出真正的"铁"来。敬业要求劳动者不断增强业务能力，这样才能创造出更多的价值来。

4. 形成以敬业为自我价值实现途径的社会理念

公民个人价值实现的程度决定着一个社会发展的生命力和创造力，而社会发展进步的主要目的就是让广大人民能够实现个人价值追求。公民个人价值的实现需要外在客观物质环境的保证，但究其根本在于个人主观能动性发挥的程度。在主观能动性中，是否具备敬业精神是其主要的因素，也就是说敬业工作是自我价值实现的主要途径。社会主义核心价值观有国家层面价值准则、社会层面价值准则和个人层面价值准则。国家层面和社会层面追求的价值准则为公民个人价值追求提供了良好的外部环境,敬业作为个人层面的价值准则,是个人价值实现的主要途径。敬业精神就是要求公民充分发挥自我的主观能动性,不断深挖自己的创造潜力,不断提高自己的业务素质,不断历练自己的意志品质,不断激发自己的成功渴望。敬业精神不仅能够给自己和社会创造更多和更好的物质价值,还能在工作中不断提升自己的生命价值,最终达到高尚的人生境界。

二、敬业精神与当代中国社会

(一)敬业精神是中华民族的精神坐标

敬业精神在中华民族的精神世界里具有极其重要的地位,是中华民族的精神坐标之一,是中华民族的传统美德。中华民族是一个多灾多难的民族,五千年文明史之所以没有中断,就在于中华儿女在苦难面前不畏艰难,刻苦勤奋,矢志不渝,谱写了多难兴邦的民族传奇。如果说爱国主义是中华民族精神的灵魂,那么敬业精神就是爱国主义精神在五千年文明史中的具体展现。

传说黄帝的后代大禹曾率领民众治理洪水,他从父亲鲧治水的失败中汲取教训，采用疏导的方式治理洪水。大禹为了治理洪水，常年和人民群众奔赴在治水的第一线，在结婚后的第四天就离开了家，在治水过程中“三过家门而不入”。第一次经过家门时，他的妻子正在分娩，他听到了孩子啼哭的声音，但怕耽误治水而没有回家；第二次经过家门时孩子已经可以向他挥手了，他也只是打了声招呼，而没有进去；第三次经过家门时，孩子已经十来岁了，孩子拉他回家，他对孩子说水患尚未平，不能回家。大禹耗尽心血，终于带领人民成功治理了水患，而大禹为了工作“三过家门而不入”的故事则被人们广为流传。

中华儿女的爱国主义精神是在历史创造和文明前进的实践中锻造出来的，是每一个时代每一个平凡的中国人兢兢业业，在辛勤劳动、追求幸福生活的点点滴滴中发展出来的。没有中华儿女脚踏实地的敬业精神，就没有中华文明的灿烂辉煌，也就没有今天具有强大号召力和感召力的爱国主义精神。“三过家门而不入”是古代中国的敬业精神，“人工天河红旗渠”是现代中国的敬业精神。愚公的敬业绝不是“愚”的行为，而是中国人追求的大智若愚的精神境界。红旗渠之所以被称为“人工天河”，不仅是对工程艰辛的赞叹，更是对劳动人民在改造自然中表现出的敬业精神的崇敬。

在和平年代，敬业精神主要体现在建设美丽家园，追求幸福生活,实现人生价值上。建设美丽家园需要敬业精神,一砖一瓦,一草一木,都需要人们的辛苦劳动。万里长城非一日之功,需要人们在平凡的岗位中默默坚守,爱岗敬业,在平凡的工作中做出不平凡的成就来,家园才能美丽,国家才能繁荣。追求幸福生活需要敬业精神,生活幸福既要有物质上的满足,也要有精神上的知足。敬业不仅能够让人在工作中实现物质上的满足,也能在劳动中收获精神上的知足。实现人生价值需要敬业精神,敬业是自我价值实现的主要途径。再远大的理想,如果落不到实处,也无济于事。在战争年代,敬业精神主要体现在保家卫国,将生命投入为民族独立的斗争中去。1840 年鸦片战争之后,中国仁人志士为了寻求国家的富强和民族的独立,纷纷投入救亡图存的革命之中。无论是维新变法,还是实业救国,无论是辛亥革命,还是抗日战争,各阶层人民都在自己的领域内探索着救国之路。这种敬业精神深深融入伟大的爱国主义精神之中,成为民族走向独立的巨大动力。

成立于 1921 年的中国共产党,带领中国人民进行了艰辛的道路探索,最终取得了新民主主义革命的胜利,进而完成了社会主义改造,建立了社会主义新中国。1978 年,中国共产党又带领全国人民开启了改革开放的伟大进程,近四十年的改革开放历程,使我国的综合国力显著增强，人民生活水平得到极大改善。党的十八大之后，中国历史进入了全面建成小康社会的决胜阶段，在两个一百年奋斗目标的指引下，广大干部群众夙夜在公，攻坚克难，为实现中华民族伟大复兴的中国梦不懈地奋斗着。中国共产党九十多年的历史就是一部兢兢业业、艰苦奋斗的历史。没有共产党对国家和人民的敬业，没有党员干部的敬业奉献精神，我们的国家不会取得如此巨大的成就。敬业精神，是中华民族的精神坐标，是共产党全心全意为人民服务的本质属性，是实现中华民族伟大复兴中国梦的动力源泉。

（二）当代中国社会敬业精神的缺失及其产生的原因

敬业是中华民族的传统美德，敬业精神在不同的时代又有着不同的时代特征。改革开放以来，中国人的传统敬业精神受到了较大的冲击，一些不该丢失的精神丢失了，一些应该坚守的精神没有坚守住。在市场经济的影响下，一些缺乏职业道德、缺失敬业精神的现象逐渐引起了社会的广泛关注。这些现象的产生是利益多元化、价值追求多元化的必然产物，是发展过程中产生的新问题。面对我国当下在产业结构、区域结构、要素投入结构、经济增长动力结构等方面的问题，中央提出加快供给侧改革，提高供给质量，提高全要素生产率，提高供给对需求变化的适应性和灵活性。这一要求转变对我国民众的敬业精神提出了更高的要求,“中国制造”转向“中国智造”,需要敬业精神做支撑。

但目前我国的公共事务、企业发展等领域存在不少磨洋工、贪多求快、好高骛远等不敬业的态度。2013 年,全球知名的盖洛普咨询公司对 2011—2012 年全球雇员工作投入程度进行调查。该调查针对 142 个国家和地区的员工,受访者回答了盖洛普公司提出的包括员工在工作中是否学习成长等 12 个问题,盖洛普公司根据员工工作投入程度将其分为敬业、漠不关心和消极怠工。全球员工敬业比例为 13%,而中国员工敬业比例为 6%,其中办公室员工的敬业比例更是低至 3%,居世界最低。在当代中国社会,职工不敬业的现象比比皆是。

在政府管理方面,行政工作人员的不敬业态度,影响中央向服务型政府的转变和简政放权目标的实现。例如,在北京工作的小周,回家乡办理护照,跑了大半年都没有办下来。原因是材料不齐,第一次去办理时被告知要到户口所在地派出所开具无犯罪证明;等办好无犯罪证明再次来到县公安局,办事人员又说,需要公司在职证明;第三次来办理时,办事人员又让小周提供公司的营业执照。每一次都以缺材料为由拒绝为小周办理护照,为此小周跑了六次一共补办了五份证明,就是这五份证明,让他多跑了三千公里。而公安部规定，普通公民办理因私护照，只需要提供身份证、户口本及复印件和本人照片，填张表就行了。

在企业层面，不敬业的态度，影响员工的工作效率和企业的绩效，甚至威胁员工人身安全和企业的利益。近年来，多起生产安全事故的主要原因在于工作人员和管理者的玩忽职守，如哈尔滨开往北京方向的D28次列车在行至京哈上行线秦沈客运专线路段时，撞上山海关工务段五名线路作业人员，造成四死一伤。对个人而言，不敬业的人自我获得感、工作幸福感等明显低于敬业的员工，敬业与否影响着个人和社会的价值观和文化塑造。

总结起来，敬业精神淡化的具体表现主要有以下几个方面。一是做事情敷衍了事，蜻蜓点水，认为事情做得差不多就可以了。二是频繁跳槽，总是希望去更好的工作平台，这山望着那山高；三是循规蹈矩，做事被动，没有干工作的积极主动性，甚至外在力量不要求，就不会有任何创新和改进；四是拖延症比较严重，拖泥带水，在等待和犹豫中完成工作；五是偏离目标，容易在工作中受到各种利益诱惑，没有做正确的事情；六是抗压能力差，遇到较大的竞争压力就会退却和放弃；七是投机取巧，总爱寻找捷径，不愿付出更多的努力和汗水，却想收获更多的成果；八是虎头蛇尾，做事情三天打鱼两天晒网，没有持之以恒的决心和毅力；九是缺乏勇于承担的精神，为自己的工作不足寻找各种借口；十是心高气傲，眼高手低，总是觉得自己怀才不遇，不能脚踏实地做事，喜欢高谈阔论。这些敬业精神缺失的现象有多方面的原因，客观世界的变化必然引起个人主观认识的变动，敬业精神本身就是精神境界较高的追求，稍有懈怠或者思想认识发生偏差，就容易造成精神的缺失。

当代敬业精神缺失的外在原因有以下几点：

一是传统经济模式根深蒂固，对人们的思想起到了不良的影响。尽管中国的社会主义现代化建设已经取得了巨大的成就，但是传统中国的一些落后思想依然对今天的人们有着一定的影响。封建社会是阶级剥削的社会，劳动人民是剥削阶级的对象，人们劳动大多是为了维持基本的生活。几千年来封闭保守的自然经济结构，将大多数生产劳动者束缚在土地上，人们习惯于日出而作、日落而息的生活模式，满足于小富即安的现状而逐渐变得不思进取，也就难以在生产劳动领域有所开拓和创新。这种思想认识上的局限性使敬业精神的价值大打折扣，直到今天，仍然影响着很多劳动者。

二是社会经济的转型变革期存在着一定的负面影响。当前我国处于大变革大转型时期，社会主义市场经济虽已确立，但还在继续完善和发展之中。经济利益格局的深刻变化必然导致人们思想认识的多元化，多元价值并存在一定时期内还将存在。西方资本主义的个人主义和享乐主义逐渐影响和侵蚀了一部分人的思想，一些人过度追求个人享乐而忽视劳动的意义和价值。各种投机取巧，急功近利，唯利是图，诚信丧失，甚至铤而走险，违反法律的现象层出不穷。一些人偷奸耍滑，想方设法钻制度的空子，将个人利益和享乐主义作为人生追求的根本目标，在这种境况下，坚持爱岗敬业竟被一些人嘲笑为没有本事，是被市场经济淘汰掉的行为。这种价值颠倒、认识混乱成为社会一系列不道德问题产生的重要因素。

三是消费主义至上致使部分人职业道德品质滑坡。改革开放允许一部分人先富起来，社会主义市场经济的发展与完善造就了一大批富裕群体。这些富裕群体中有些人崇尚拜金主义和消费至上，把炫耀各种高端消费作为时尚，严重影响广大青年正确价值观的形成。耗资过亿的明星婚礼，富二代各种奢侈的生活等等，这些现象看似属于个人行为，但对青年人的不良影响是巨大的。“读书无用论”“拼爹时代”等扭曲的价值观盛行，一些青年人不再踏踏实实努力学习和工作，而是追求走捷径的成功。人生从来没有什么捷径，只有兢兢业业地辛勤努力才会收获成功。这些正确的价值观逐渐被部分青年人抛弃，然而急功近利的成功却是少之又少，大多数人一生都没有找到正确的道路，眼高手低，碌碌无为，最后功不成名不就。

敬业精神的缺失也有主观上的原因，比如个人受教育的程度不高，工作态度不端正，价值观出现偏差，事业心不强，责任心缺失，专业技能不足，个人兴趣爱好和职业不匹配等等。同时我们也要思考：为什么有些职业失去了尊严和荣誉，得不到从业者的尊敬呢？

首先，人的社会地位、收入待遇存在较大差距，这就影响了其职业的独立价值，消解了劳动者的工作热情。例如儿科医生这个职业，随着二胎政策的放开，新生儿将会大量出生，这就需要大量的儿科医生，然而现在各大医院都急缺儿科医生。为什么呢？原因在于现在的大学生选择儿科专业的少之又少。儿科医生这个职业培养期比较长，工作压力大，收入又不高，逐渐失去吸引力。医生这个职业是高尚的，现实中的工作环境和压力却是巨大的。

其次，有些社会组织管理思想落后，管理水平较低，对人才的重视不够。组织成员的福利待遇得不到有效的保障，发展的途径也比较狭窄，这样就使劳动者对组织的认可度不高，忠诚度不够，归属感较少。要想留住组织成员，就必须给成员创造一个稳定踏实的工作环境和比较有吸引力的发展前途，不然组织成员谈何敬业呢？

最后，还存在着缺乏客观公正的考评体系。如果干多干少一个样，干和没干一个样，干得好的不如说得好的，那么那些爱岗敬业、勤勤恳恳的实干者就得不到应有的尊重和报酬，从而极大影响了实干者的积极性，抑制其敬业精神的发挥。

三、培育和践行敬业价值观的基本要求

社会主义核心价值观关键在于内化于心，外践于行，敬业价值观内化于心重在培育，外化于行重在实践。培育和践行敬业价值观，就是要从精神和行动上达到敬业的统一，就是要树立正确的岗位意识，保持良好的工作态度，在平凡的岗位上书写非凡的人生篇章。

（一）树立正确的岗位意识

培育和践行敬业价值观首先要树立正确的岗位意识。“干一行爱一行，干一行专一行，干一行精一行”，说起来容易，做起来并不容易。做到干一行爱一行必须要抛弃职业有三六九等的陈腐观念，大力弘扬职业精神。在现实生活中，职业选择很难与自己的喜好兴趣相匹配，大多数情况下是自己能干什么就干什么，而不是想干什么就干什么，这个时候职业道德就显得越发重要。“天地生人，有一人应有一人之业”是指每个人都会有属于自己生存和发展的职业。“人生在世，生一日当尽一日之勤”是指每个人都要兢兢业业，勤奋努力。

树立正确的岗位认识，就是要珍惜当前的工作，珍惜时间和生命。雷锋在工作期间多次被评为“劳动模范”和“先进生产者”，在 1960 年 1 月参加中国人民解放军之后获得二等功一次、三等功三次，并获得“节约标兵”和“模范共青团员”称号。1962 年 8 月 15 日，雷锋和助手驾车从工地回到连队车场，他不顾长途行车的疲劳去洗车，后被

图为雷锋正在全神贯注地修理汽车零件

路旁晾衣服的木杆击中抢救无效而因公殉职，雷锋殉职时年仅22岁。雷锋殉职的消息传出后，整个抚顺市十万余人到烈士陵园为雷锋送行，而雷锋在本职岗位上兢兢业业，尽职尽责地“干一行爱一行、干一行专一行、干一行精一行”的敬业精神也被人们广为传扬。“爱岗敬业”的雷锋精神值得我们不断学习。当前的工作就是当前最适合自己的工作，爱岗敬业，就能从工作中收获回报，也能收获个人的成长。社会各种组织要创造公平的择业氛围，创新公正公开的人才选用机制，使组织岗位需求和个人兴趣专长能够匹配起来。

要大力提高管理水平，充分保障劳动者的各项权益。外部环境的逐步完善能够引导劳动者提升主人翁意识，能够为劳动者的爱岗敬业提供物质和制度保障。敬业的根本在于个人的责任意识，个人不仅要树立正确的岗位意识，还要把工作中的权责界定明确。要建立完善清晰的权责管理体系，将权力和责任紧密统一起来，保证责任落实到位。树立正确的岗位意识需要个人充分发挥敬业爱岗的精神，同时也必须有相应的管理制度和良好的报酬机制作为外在保障。

（二）保持良好的工作态度

培育和践行敬业价值观要保持良好的工作态度。保持良好的工作态度，要有强烈的职业感和职业精神。随着经济全球化的深入发展，全球成为一个世界工厂，跨国公司和国际贸易越来越成为一种常态。在不同的文化背景下共同工作已经不再新鲜，这就需要劳动者必须具有强烈的职业感和职业精神。职业道德和职业精神在任何一个国家和领域都是大力提倡的，这是全世界合格的劳动者共有的品质。

李小凡是北京大学中文系教授，汉语方言学专家。李小凡常年从事汉语方言的教学和研究，他坚持着“课比天大”的理念，认为给学生上课、授业解惑，是老师应尽的职责，一心奔赴在科学研究和课堂教学的第一线。从他工作开始，他就每年带着学生进行田野调查。2012 年，58 岁的李小凡因胃出血倒在了湛江调查现场，第二年春天，他的胃严重穿孔，不得不切除三分之二的胃。李小凡说：“我没想到病情会恶化，以为稍加休息，就能再参加方言调查。”学校批给他两年假让他调养，但几个月后，他又站上了讲台。李小凡三十年如一日，坚守课堂、站稳讲台，给学生上好每一节课，带好每一个学生。2015 年 4 月，李小凡被确诊为胃癌，仅剩的三分之一的胃也被切除了，学校为他的健康考虑，建议他把研究生转给别的老师指导，但他为了保证学生学业不受影响，谢绝了学校的建议，而且在这种情况下他还坚持为本科生开了门“汉语方言学”课。李小凡老师以自己的行动和生命向人们诠释了“春蚕到死丝方尽，蜡炬成灰泪始干”的奉献精神和“课比天大，做人第一”的爱岗敬业精神，他踏实做事、干一行爱一行的精神永远值得我们学习。

保持良好的工作态度，还要有积极健康的心态。态度决定一切，积极的心态收获积极的成果，消极的心态只能收获大打折扣的成果。工作中难免会出现各种困难，面对这种困难需要有积极乐观的心态，敢于直面问题，勇于克服困难，保持良好的工作态度，对自己正确定位。现实生活中，很多人往往眼高手低，总觉得当前的工作无法展现自己的能力，事实上，只要有能力和才华，在任何岗位上都能做出成绩。正确地认识自己，选择适合自己的职业和岗位，在工作中就很容易做到敬业爱岗。

（三）在平凡的岗位上书写非凡的人生篇章

培育和践行敬业价值观就是要在平凡的岗位上书写非凡的人生篇章。每个人的人生都是平凡的，绝大多数工作岗位也是平凡的，但之所以有些人能够被人尊敬，能够成为时代的楷模，就在于他们在平凡中的坚持，在坚持中的努力和在努力中创造的成就。党的“四有”干部谷文昌是河南省林县（今河南省林州市）人。在抗日战争和解放战争时期，他为新中国的建立立下了卓越功勋。解放军南下时，他随大军南下，加入解放福建的战斗中。新中国成立后，谷文昌服从组织安排，留在福建东山工作。东山岛东南部原有3.5万多亩荒沙滩，狂风起时飞沙侵袭村庄，吞噬田园。谷文昌到东山不久即了解到这一情况，关切地说：“不治服这风沙灾害，东山人民是无法过好日子的。要治穷，得先除害！”他研究并制订了治理风沙的方案。他与县委一班人，先后 8 次组织干部群众筑堤拦沙、挑土压沙、植草固沙、种树防沙，但收效不大。他发誓说：“不治服风沙，就让风沙把我埋掉！”他为官一任，造福一方，不畏艰苦，实事求是，带领东山县人民苦干 14 年，终于把一个荒岛变成了宝岛。他用自己的言行赢得了老百姓的信任和敬仰。

敬业是任何一个人想要取得成就，想要在平凡岗位中成就非凡人生的必备品格。成功的人往往不是岗位给了他成功，而是他在岗位中通过努力取得了成功。不要问岗位能为我们做什么，要反省我们能为岗位做什么。正确处理好个人与组织，家庭与事业，理想与现实，得与失的关系，执着坚守，默默奉献，不懈努力，在埋头苦干中实现人生价值，在无私奉献中展示自己的风采。

敬业精神是一种高远的人生追求，培育和践行敬业价值观，就是要在工作中升华自己的精神追求。当我们拥有了这种敬业精神，就不会在工作中计较得失，不会在困难面前望而却步,不会消极不前。在平凡岗位上的敬业精神看似一种普通的工作状态,却是一种人生的大智慧。甘于平凡并不代表人生平凡,甘于寂寞并不代表内心寂寞,只有这种精神上的敬业,才是人生成就一切事业的根本力量。敬业的人是智慧的人,而不仅仅是聪明的人。聪明的人在不断寻求捷径,而智慧的人从一开始就知道成功并没有捷径可走。敬业的人知道自己的一切理想都可以脚踏实地,兢兢业业,一步一个脚印地在工作中实现,而且他们知道敬业精神不仅可以实现理想,而且是唯一能够实现理想的途径。

敬业精神是一种精神力量,这种力量推动着人们在平凡岗位上的辛勤坚守,一个人的成功需要敬业的精神力量,一个国家的强大需要全体人民敬业的精神力量。在全面建成小康社会,实现中华民族伟大复兴中国梦的征途上,需要全体中国人民爱岗敬业,汇聚每一份平凡的力量。

注释

①[德]马克思,恩格斯.马克思恩格斯全集:第四十二卷[M].北京:人民出版社,127.

第三章　诚信是公民道德的基石

诚信是中国传统文化中的重要组成部分，它是道德伦理的具体表现。“诚”在传统文化中具有重要的教化作用，所谓“精诚所至，金石为开”正是对于“诚”的恰当佐证，诚心与恒心是人们为人处世的态度，在两者中，“诚”更是居于基础和核心的位置。“诚”较于“信”来说也是居先的，有诚才有信，诚是内在的道德要求，信是外在的伦理准绳。同样，诚信在当今社会仍然扮演着重要的角色，不仅人民群众要讲诚信，领导干部更要以身作则地践行诚信。2013年，习近平总书记在辽宁考察时指出，领导干部要“自觉讲诚信、懂规矩、守纪律”①。诚信作为规范人们行为的最基本原则，不仅是一个国家、一个民族内部的要求，也是在国际大环境中，国与国之间相互交流促进的前提。2015 年 4 月 21 日，国家主席习近平在巴基斯坦议会的演讲中强调，“巴基斯坦认为‘诚信比财富更有用’，中国认为‘人而无信，不知其可也’”。诚信是社会主义精神文明建设的目标，也是公民道德建设的基石。公民道德建设有赖于公民诚信价值观的培养和践行，对诚信概念的考证，对当前我国社会的诚信状况和构建诚实守信、言行一致的道德家园的策略方法进行研究，以及对提升我国公民的诚信水平都具有重要的理论意义和实践价值。

一、诚信的内涵、演变及意义

诚信的概念古今中外早已有之。一方面，诚信是向内指涉的律令，从道德主体的自为性上讲，主体的诚信对于成就理想人格具有极其重要的意义，主体人要诚心为善并付诸实践，是执行其他道德规范的前提。另一方面，诚信又是向外关涉的尺度，它既先发于主体之内，又可扩展为仁义礼智信等多种道德，因而成为众多人成就理想人格的起点。

（一）诚信的界定

诚信是一个道德范畴，是中华民族的传统美德。所谓“诚”，是指真诚；所谓“信”，是指守信。“诚”是“信”的内在依据，是“信”之根；“信”是“诚”的外在体现，是“诚”之用。“诚”与“信”的结合，是作为社会关系总和的人的内在道德修养与外在行为准则的统一。诚信是中华民族的传统美德，也是现代社会的黏合剂和市场经济健康运行的保障。诚信就是诚实守信，是人与人之间交往关系中应该遵守的最基本的道德准则，是社会全体公民道德准则的基本规范。诚信是一种可预期的责任承诺，在此基础上建立起来的人际关系和社会关系值得信任或信赖。在中国传统文化中，诚信被视为立人之本，伦理大义，乃至社会秩序和社会和谐的基础。孔子把“信”与“仁、义、礼、智”并列为“五常”；孟子将诚、信结合在一起，提出道德修养论。在中国传统儒家伦理中，诚实守信被视为“立政之本”“立人之本”“进德修业之本”：《大学》将“诚意”作为“八目”之一；《中庸》中有“至诚无息”之谓；《通书·诚上》甚至把诚信看作“五常”（五伦）之本，有“诚，五常之本，百行之源也”的论断；程朱理学把“诚”推到了道德本体论和哲学本体论的巅峰。

中国共产党历来重视诚信建设，并把诚信作为治国理政的基本准则。《公民道德建设实施纲要》规定的“爱国守法、明礼诚信、团结友善、勤俭自强、敬业奉献”基本道德规范中，“明礼诚信”是其重要组成部分。党的十六大报告提出，社会主义思想道德体系建设要坚持“以诚实守信为重点”[②]。党的十七大报告则强调“以增强诚信意识为重点，加强社会公德、职业道德、家庭美德、个人品德建设”[③]。党的十八大将诚信建设作为社会主义核心价值体系建设的切入点和重要抓手，是有效推进社会主义核心价值体系建设的重要途径。

（二）诚信概念的演变过程

诚信是社会主义核心价值观的道德基础。无论是国家层面的价值目标，还是社会层面的基本社会属性，或是公民的基本价值追求，其立足点都是诚信。诚信作为人们认可程度最高的公民道德准则之一，有着自身发展演变的过程，在中西方文化的发展过程中拥有十分丰富的内涵。

1. 中国传统文化中的诚信

《尚书》中有关于尧舜时代的诚信状况的记载。尧是原始部落的首领，他非常注重自己的德行，恪守诚信。《尚书·尧典》记载尧是"允恭克让，光被四表，格于上下"，这里的"允"字就是"诚信"的意思。舜在继承尧成为首领之后，也把诚信美德发扬光大，舜本人恭敬诚信，更以身作则，百官"惇德允元"，崇尚厚德，信任善类；舜派遣皋陶去蛮夷做官时，一再叮嘱他"惟明克允"，明察案情，处理事情要诚信公正；舜命龙为纳言官时，希望他如实传达下面的意见，"惟允"，诚实守信。

《说文》中，许慎把"信"归入"人部"，因为在许慎看来，"人，天地之性最贵者也"，所以"信"理所当然地成为"天地之性最贵者"的品质之一。段玉裁注将"信"归入

“言部”，段注曰：“信，诚也。《释诂》：‘诚，信也。’从人言。”《序》说：“会意曰信武是也。人言则无不信者，故从人言。”段注又说：“言必由衷之意。”清代朱骏声解释说：“信，诚也。从言从人，会意，古文从人从口，又古文从言从心。”至于为何“从言从心”，清代王筠注曰：“言者心之声也，从心言。”

儒家非常重视诚信，在儒家的很多经典典籍中都有体现。《礼记·大学》规定：“诚意”作为“八条目”之一，是连接“格物”“致知”与“正心”“修身”“齐家”“治国”“平天下”的重要环节，是道德内养与外成的关节点。《礼记·中庸》从本体论的高度对“诚”的对象、主体、境界、标准和方法等问题做了全面系统的阐述。

孔子特别重视诚信，将其视为个人安身立命的基础，认为：“人而无信，不知其可也。大车无輗，小车无軏，其何以行之哉？”意思是，缺少诚实守信品德的人，就如同车子缺少了輗、軏这类枢纽无法行进，在社会上将寸步难行。孔子认为诚信是与人交往的基本原则，《论语》中多处论及“信”在人际交往中的意义：“与朋友交，言而有信”“老者安之，朋友信之，少者怀之”“主忠信，无友不如己者，过则勿惮改”“吾日三省吾身——为人谋而不忠乎？与朋友交而不信乎？传不习乎？”等等。在孔子的思想中，诚实守信是为人处世的基本态度，任何人在社会上立足，都必须坚持诚实守信、言行一致，否则将被社会抛弃。

孟子则把“诚”上升到道德本体的高度，认为“诚”是规范人们道德行为的一个重要概念，在《孟子·离娄上》中，孟子认为：“诚者，天之道也。思诚者，人之道也。至诚而不动者，未之有也。不诚，未有能动者也。”这里面所言的“诚”是顺应天道与人道的基本法则。

荀子认为治理国家也要坚守“诚”的原则，“诚”不仅是做人之道，更是治世之道，统治者要带头诚实守信，广大百姓才能做到忠诚不欺，因此统治者要在“诚”上做出表率。荀子在《荀子·不苟》和《荀子·正论》中就分别强调：“夫诚者，君子之所守也，而政事之本也”，“上端诚，则下愿悫矣”。

墨子强调人说话必须守信用，言行一致，说到就要做到：“言必信，行必果，使言行之合，犹合符节也，无言而不行也。”

2. 西方诚信伦理的发展

相对于中国传统文化中“诚信”的概念，西方的“诚信”伦理则表现为具有法制契约、工具理性与宗教精神诸特征。

诚信的首要含义是诚实信用，此概念最早运用于裁判官在审理民事纠纷时以诚信原则考虑当事人的主观状态和社会所要求的公平正义。因此，在古希腊和古罗马时代，诚信精神首先在法制方面表现出来，诚信就是讲究实事求是，以此要求裁判官的行为判断。西方近代伴随着生产力和生产关系的革新，资本主义得到了长足的发展，资本社会以自由经济为基础，这就更加需要诚信的介入，从而诚信原则被写入民法，以维护市场经济活动的基本秩序。虽然诚信只具有道德的自律性，并不具有法律的约束性，但在债务人和债权人之间构建起一道相互信任的桥梁。从功利角度出发，如果每个人都不讲诚信，那么市场机制将无法运转，每个人也就无法获得有利于自己的权益。因此，诚信在功利主义思想的作用下具有了促进履行债务、使人信赖义务、防止滥用权利、对公法的适用等作用。在近代西方，休谟最早在《人性论》中阐释守信，他重点强调人们互相之间经济利益的让渡和交换。守信被卢梭进一步扩展到社会生活的方方面面，如他所言，“社会秩序乃是……建立在约定之上的”[④]。马克斯·韦伯是真正把守信确立为资本主义道德精神的思想家，他认为守信伦理直接反映以经济契约为基础的信用经济社会的特征。韦伯在他那本旷世之作《新教伦理与资本主义精神》中，十分赞赏本杰明·富兰克林关于资本主义与诚信关系的论述，并引证了其中的一段话：“要记住，信用就是金钱。……以遵守诺言按时付款而著称的人，可以在任何时候任何情况下筹集到他的朋友们省下的钱。这一点时常大有益处。除了勤劳和节俭，实在没有什么比在交易中的守时和公正更有助于青年人的成长；因此，绝不要违背诺言，把你应当还账的时间拖延一小时，或者一次失信，就会使你朋友的钱袋永远向你关闭。”马克斯·韦伯在谈到资本主义精神时引用的这段话，说明在资本社会中诚信居于十分重要的位置，诚信在某种意义上就等同于资本，只有诚实守信的人才会得到更多人的信任。这不仅是经商之道，更是教育青年一代如何进入社会，如何适应资本主义运作方式的方法论。

我国素以“礼仪之邦”著称于世，讲诚实、守信用的美德源远流长，诚信也是中国人民一直遵循的做人准则。山东省荣成市港湾街道玄镇村村民张晓东省吃俭用、辛苦工作，用 15 年时间替哥哥还清了 18 万元债务，被大家称为“诚信哥”

诚信不是圣人和商人的专利，普通人的诚信同样感动世界。据说，在游人如织的纽约哈德逊河公园北部坐落着格兰特将军的陵墓，此人是美国第十八任总统，曾任南北战争时期的北方军统帅，离他的陵墓100多米处，还有一座普普通通的陵墓，长眠在此的是个五岁的孩子。1797年，这个孩子不慎在此处的悬崖坠落身亡，被家人埋葬于此。数年后，家道衰落，老主人不得不将这片土地转让，但他有一个要求：希望这片土地的新主人可以把孩子的这块墓地作为土地的一部分，并且永远不要损毁。新主人答应了他的要求，并立约为证。沧海桑田，这片土地被多次转卖，主人换了又换，但是契约里永远保存着那一条：决不毁坏孩子的墓地，并加以修葺。一位总统，一个孩子，两人的墓地比邻而居，毫无损坏，无他，诚信之由。又过200年，1997年，时任纽约市长的朱利安尼来公园祭奠，撰写了这段关于诚信的故事，刻在了木牌上，立在孩子的陵墓旁边，希望诚信精神代代流传，屹立不倒。

3. 马克思、恩格斯对西方资本主义信用制度的批判

中西方传统文化都非常重视诚信的建设，言而无信，言行不一，都会被社会所批判，但是中西方文化传统中的“诚信”概念有着本质的区别。

中国文化强调人的品行和德行，诚信是人民自身发展和自我修行的重要途径，是道德的重要准则。而在西方资

本主义社会，诚信是直接为资本或者金钱服务的："信用就是金钱"；"如果这个人信用好、信誉高，并且善于用钱，那他所得的总额就会相当可观"；"如果你是以谨慎、诚实而为人所知的人，那么一年六镑可以给你带来一百磅的用场"。西方资本主义制度下，对诚信的重视不是由于对"诚信"本身的肯定，而是由于诚信可以带来巨大的资本利润。"诚实信用之所以被称为'美德'是因为它们'有用'而不是纯粹因为道德自身的精神价值"。西方资本主义的诚信伦理具有明显的功利主义色彩，这是西方文化中的诚信概念与中国传统文化中诚信概念的本质区别。

马克思、恩格斯曾对资本主义信用制度进行过深入的剖析。马克思、恩格斯认为诚信是一种社会现象、经济现象和伦理现象，信用作为一种社会要素，不可能脱离社会生产独立发展，而是由社会物质生产的发展决定的。资本主义信用是资本主义生产方式的产物，资本主义社会对信用的追求只能来自于剩余价值的驱使和资本家对利润的追求。马克思认为从买卖劳动力开始，资本主义就已经确立商业信用："到处都是工人把劳动力的使用价值预付给资本家，到处都是工人给资本家以信贷。"⑤资本主义的物质生产决定资本主义信用的本质在于掠夺剩余价值，资本主义的剥削性也体现在信用制度上，是资本家对工人的剥削："一种崭新的力量——信用事业，随同资本主义的生产而形成起来。……最后，它转化为一个实现资本集中的庞大的社会机构。”⑥“商人借货币，是为了用这个货币牟取利润，是为了把它作为资本耗费。因此，即使在以前的各个社会形式内，货币贷放者对于商人的关系，也完全和他对于现代资本家的关系一样。”⑦

马克思、恩格斯对资本主义诚信的批判和对诚信的本质的论述，为我们把握和理解社会主义核心价值观中“诚信”的概念提供基础，虽然同为诚信，但社会主义的诚信观与资本主义的诚信观存在着根本性的区别。首先，社会主义的诚信价值观是人们在为人处世、待人接物等生活实践中所应具有的良好品质，其内涵表现在真诚无欺、实事求是、信守承诺等方面。诚是诚心诚意、忠诚不二，信是说话算数、信守承诺。社会主义的诚信观是当代中国人应有的基本素质，尤其在市场经济的大环境下，诚信是人们得以适应社会、实现个人价值的基本要求和保障。其次，社会主义诚信观是一种伦理规范，它要求人们以求真务实的原则指导自己的言行，也就是要求人们在对待生活和工作上做到知行合一。诚信的伦理规范不仅是在一般意义上要求人们的言行，更是在每一个具体领域、具体事物上对所有公民提出的要求。要求政府诚信是要政府在言行方面为广大人民群众做到表率，要求企业诚信是要企业在商品的生产和经营方面做到货真价实，要求群众诚信是要求人民在社会生活中以诚为本，以信待人。只有社会上的每一个“细胞”都以诚信行事，社会主义的伟大事业才会得以实现。再次，诚信是个人与社会、心理与行为的辩证统一。“诚”关注的是内在方面，“信”指涉的是外在方面，“诚”具有道德品质，“信”具有伦理规范，但两者并不是二分的或截然对立的，社会主义核心价值观把两者结合在一起，是要求人们辩证地看待诚与信的关系，既不能无差别地把两者等同看待，也不能截然对立，诚信是一而二、二而一的统一体。

（三）诚信的五重价值

诚信的价值观念是公民道德的基础，是个人自我发展的重要标尺，是市场经济健康运行的重要保障，也是和谐社会建设的黏合剂和润滑剂。诚信对于调节个人、家庭、经济、社会之间的关系都有重要的作用。

1. 人无信不立

诚信是个人修养的根本要求。诚信是人必备的优良品格。讲诚信的人，处处受欢迎；不讲诚信的人，人们会厌恶他，所以我们人人都要讲诚信。诚信是为人之道，是立身处世之本。《穀梁传 · 僖公二十二年》中提到“人之所以为人者，言也。人而不能言，何以为人？言之所以为言者，信也；言而不信，何以为言？”这里讲诚信是人之为人而异于禽兽的根本，正如“信”这个字的构成一样，它是人与言的结合，所以“言而不信，何以为言”一语道出了说话和诚信之间的关系。

“中国好人”姜恩兰就是现代人讲诚信的优秀代表。山东胶州市铺集镇张家屯村姜恩兰的丈夫因病去世，却留下了115万元的欠款。面对巨额债务，这个普通农妇没有逃避，而是选择了一笔笔偿还。即使在病重进手术室之前，还不忘叮嘱两个儿子要偿还父债。如今，欠款仅剩20余万元，用她自己的话说：“终于看到活路了。”今年64岁的姜恩兰，十多年来恪守诚信，靠着经营小饭馆和节衣缩食的生活，毅然用柔弱的双肩扛起了全部债务，谱写了一曲

人去账不烂，夫债妻子还，这是一个普通的村妇发自心底的诚信理念。姜恩兰代表的不仅是她自己，而是千千万万个像她这样恪守诚信、一诺千金的群体。图为姜恩兰细数这些年的还款证明

仁义有德的自强赞歌。2014年12月,姜恩兰被评为“中国好人”。诚信传统源远流长,从古至今,不乏典范。好人姜恩兰,用她朴实的言行、平凡的生活、非凡的举动,诠释了诚信的含义。

2. 家无信不睦

在中国传统文化中,夫妻关系是整个家庭关系的基础。虽然有“夫为妻纲”的纲常伦理,但其中依然贯穿着诚信的道德要求,所谓“夫妇之道,不可以不久也,故受之以恒”。古人云:“贫贱之交不可忘,糟糠之妻不下堂。”夫妻关系中,要求夫妇双方同样遵守诚信、互帮互助、同甘共苦、同舟共济、相敬如宾、相濡以沫、和和睦睦、白头偕老。历史上,夫妻间恪守诚信、互敬互爱的动人故事不胜枚举。众所周知,诸葛亮“少有逸群之才,英霸之器,身长八尺,容貌甚伟”,“亮有妻黄氏”,“发黄面黑,才能独优,亮不嫌丑陋”。诸葛亮将别人的讥笑置之度外,与妻以诚相待,相敬如宾。夫妻间若不讲诚信,家庭就不会和睦。西晋傅玄说,“夫不信以遇妇,妇不信以承夫”,则“夫妇相疑于室矣”。陆九渊说:“夫妇不立于忠信则乖。”魏徵说:“夫妇有恩矣,不诚则离。”这就是说,夫妇间不讲诚信,就会互相猜疑,同床异梦,貌合神离,直至家庭破裂。

除夫妻要讲诚信外,家庭中的父子、兄弟之间的诚信关系也是影响家庭和睦的重要因素。曾子是孔子的得意门生，其杀猪教导自己孩子诚信的故事广为流传。有一天曾参的妻子要去集市，曾参的儿子也哭闹着要跟去，曾参的妻子只好哄儿子说，从集市回来就给他杀猪做菜，儿子听后便在家等着，不再哭闹。曾参的妻子从集市回来，看到曾参正准备杀猪，就赶紧制止说自己是哄孩子的，不必当真。曾参对妻子说，孩子小，只会学习父母的行为，我们今天欺骗他，就等于教他以后欺骗他人，而且今天我们欺骗他，他以后都会觉得我们在骗人，不会再相信我们了，我们也无法取信孩子、教育孩子了。曾参的妻子听后后悔不已，觉得不应该欺骗孩子，便和曾参一起把猪杀了，兑现了对儿子的许诺。

3. 业无信不旺

诚信是从事经济活动的基本行为规范。孔子曰："不义而富且贵，于我如浮云。"（《论语·述而》）又说："富与贵，是人之所欲也；不以其道得之，不处也。贫与贱，是人之所恶也；不以其道得之，不去也。"（《论语·里仁》）孔子在这里是要求经商之人要以合乎道义的方式追求财富，正所谓"君子爱财，取之有道"，经商诚信在此成为衡量"道"的标准，道即正道、真理，只有诚信经商才是取财之道。《孔子家语·鲁相》中有言，"贾羊豚者不加饰"，指的是经商之人在贩卖商品时不能为了利益掩饰商品的缺点，以次充好，蒙骗顾客，而是应该做到诚实经商，童叟无欺，公平买卖。

讲求信用，注重信誉，不仅是古代经商的行为准则，更是现代市场经济对企业行为的一个基本要求，也是企业获得成功的一个基本条件。内蒙古赤峰企业家胥申，“把产品当人品”，践行着诚信的经营理念。他不蒙骗消费者，将有脂肪上浮、颗粒沉淀现象的饮料产品毅然倒掉；他不蒙骗市场，产品含稳定剂不该被认定为有机食品时，即使有专家认为不填写这项指标就可通过认证，他也毅然放弃有机认证；他在供货商与银行面前不做“老赖”，不欠任何人一分钱，其信誉被银行信贷部门赞为“价值 1000 万元”。这股“犟劲”让他铸就了百姓赞誉的“金字招牌”。2015 年 7 月，胥申荣登“中国好人榜”。可见，在经济领域，诚信是一只看不见的手，能够给商家带来大量无形的利益。坚守诚信的企业，将在市场竞争中获得最后的胜利。

4. 国无信不稳

不少丑闻使我们的社会诚信遭受质疑。三鹿奶粉事件，葬送了奶粉声誉；唐骏学历“造假门”，败坏了学术信誉；郭美美炫富事件，毁灭了红十字会的公共形象。如果说唐骏学历造假，属于个人诚信问题；三鹿奶粉掺毒，属于企业诚信问题；而郭美美事件引发的红十字会危机，则属于政府诚信问题。政府官员可以“花开花落”，政府诚信却不能“云卷云舒”。政府诚信的建立，有赖冰冻三尺之功；

政府诚信的丧失，却只需杯酒谈笑之力。中国古代就不乏诚信强国、失信误国的例子。就前者而言，“立木而信”便是很好的例证。春秋战国时期，各国连年征战，民不聊生。秦国为改善国人生存境况、增强国家实力，在秦孝公的支持下，由商鞅主持变法。改革在即，首当树立威信，商鞅便下令在城南外立起一根长木，并当众许诺，如有人把此木搬到北门，便赏金十两。围观众人无一人相信，以为商鞅在开玩笑，也就没有人上前一试。商鞅见此状况便把赏金提高到五十两，所谓重赏之下必有勇夫，终于有人抱着试一试的心态真的把长木从城南搬到了城北，商鞅没有丝毫犹豫便给了此人五十两赏金。商鞅此举一时在百姓心中树立起了威信，由此为之后的变法奠定了人心基础，随后的改革也得以顺利展开。由于新法奏效，秦国很快就富强起来，并最终统一天下。与此形成鲜明对比的是，在同样的地方，四百年前却发生过一场君主为博得美人一笑，点燃烽火台戏弄诸侯的事情，这个看似令人啼笑皆非的故事，其结果却以悲剧告终，这就是著名典故——“烽火戏诸侯”，下场自然是幽王自刎、褒姒被俘。

两个典故从正反两个方面说明了人民群众具有决定国家政权的前途和命运的力量。马克思主义唯物史观告诉我们，人民群众既是社会物质财富的创造者，也是社会精神财富的创造者，更是社会历史的书写者。任何一个政权要想取得人民的支持和拥护就必须取信于民，民众的信任与支持是政府存在和发展的必要条件，正如荀子所言：“君者，舟也；庶人者，水也。水则载舟，水则覆舟。”（《荀子·哀公》）民心的向背是政治成功与否的关键因素，社会主义的中国必须重视诚信价值观的培育和构建，增强国家公信力，从根本上维护国家的长治久安。

5. 世无信不宁

诚信是一个国家最基本和最根本的道德要求，是国家的国格，是一个国家获得尊重和认可的道德基石。古人讲修身、齐家、治国、平天下，不仅要把国家治理好，而且要使天下太平。这就要求国与国之间以诚信相交，只有这样，才会天下太平，反之则失去安宁、和平与团结。一个信用缺失、道德低下、信口开河的国家，不可能有快速、持续、良性的发展和进步。只有讲诚信，才能建立正常的国际秩序。只有讲信用，才有国家和国家之间的相互信任，国家秩序才能正常地运转和维护。世界秩序的建设需要诚信进行调节，只有用诚信价值观对国家行为进行引导，才能为和谐世界的建设提供支撑。不讲诚信的国家，也许能获得眼前一时的利益，但难以长久；诚实守信的国家，虽然有时眼前会有所失，却能“心正、气顺、颜美”，基业常青。

二、正确认识我国诚信建设的发展现状

诚信是中华民族自古以来的传统美德,新中国成立以来,党和国家高度重视诚信建设,“诚信”也先后被确立为我国公民道德基本规范和加强全体公民思想道德建设的重点,并在党的十八大报告中被确定为社会主义核心价值观的重要组成部分。我国的诚信建设取得一系列的成绩,积累了很多可借鉴性的诚信建设经验。然而,改革开放在带给我们巨大经济财富的同时,忽视了对诚信道德方面的建设。从“熟人社会”向“陌生人社会”的转变中,诚信传统受到拜金主义的严重侵蚀,制假售假、商业欺诈、逃债骗贷、学术不端等现象屡有发生,诚信缺失已经成为制约现代社会主义发展的首要问题。了解我国社会现阶段的诚信状况,总结我国现阶段诚信建设取得的成绩和存在的问题,对于提高诚信意识和信用水平,形成履约践诺、诚实守信的社会氛围,具有重要的意义。

(一)“精准诈骗”及其原因

2016 年夏天,暑假的平静被接连发生的多个电信诈骗案件打破,相继传来的各类诈骗案件不断冲击着人们的视线,扰乱着人们的心神。先是 8 月 21 日山东临沂女孩徐

玉玉被诈骗电话骗走 9900 元学费，郁闷自责之下，心脏骤停离世；再是 8 月 23 日凌晨，山东省临沭县大二学生宋振宁也在遭遇电信诈骗后离世；同样是 8 月 23 日，一位脑瘫患儿的母亲带着网上筹集的 6.1 万元善款奔赴上海为孩子治病，听取了专家建议后他们选择回郑州，却陷入了退票骗局，6 万元救命钱全部被骗……诈骗案件的密集发生和极其严重的社会危害，使人们对诈骗的认识再次升级，引发了人们前所未有的关注，社会舆论不断在各类社交平台上发酵，人们在新闻媒体上、在朋友圈、在心中不停地追问，为什么会接连出现如此有针对性的诈骗，以及该如何防治各类诈骗案件。

那么谁应该为“精准诈骗”负责呢？谁又应该为“精准诈骗”的严重后果买单？一些新闻媒体也对“精准诈骗”的原因和应对策略进行了讨论，如人民网发文讨论“骗子如何做到的‘精准诈骗’”，中国青年网指出“‘精准诈骗’频现皆因个人信息买卖猖獗”，《北京青年报》认为“‘精准诈骗’是果，信息泄露是因”。在应对策略上，南方周末网提出“保护个人信息：‘精准诈骗’需要‘精准治理’”，《京华时报》指出要“以精确打击对付‘精准诈骗’”。

“精准诈骗”，个人信息泄露是主要诱因。“精准诈骗”的最大特点是诈骗的针对性，诈骗团伙已经不再采取“广撒网”的诈骗方式，而是有针对性地对老人、学生等特定人群定制诈骗方案,通过非法途径获取个人信息成为“精准诈骗”的重要武器。造成个人信息泄露的原因是多方面的,如各类网站、平台的漏洞,给网络黑客提供了窃取个人信息的路径;再如非法买卖信息,增强了诈骗的精准性,提高了诈骗的成功率,通过非法途径买卖的信息,很多都是人们办理各项业务留下的信息,信息比较详尽,而且具有较强的时效性,更加符合受骗人当前的现状,也更容易使人蒙骗;同时受骗者个人安全意识不强,警惕性不够高,生活习惯中不注意保护个人信息和个人隐私,也是个人信息泄露的重要原因。电信运营商及银行系统管理的漏洞,为“精准诈骗”提供了便利。各类电信运营商没有尽到监管的职责,放任大量的非实名制的号码投入使用,甚至诸如“178”号段、虚拟通信平台的使用,都使“精准诈骗”更为猖獗。

总的来说,“精准诈骗”现象频发,一方面是由于社会监管的漏洞和人们在防诈骗知识与技能上的缺失,社会监管的漏洞使诈骗团伙有了更多获取人们个人信息的途径,而人们防诈骗知识和技能的缺失,造成了更多无意识的信息泄露,使诈骗得以成功。另一方面是由于诈骗团伙社会价值观扭曲和错位,诈骗团伙追求金钱,却不愿意通过敬业劳动致富,置诚信、友善等价值观念于不顾。价值观念上的原因较之于知识和技能层面上的原因,影响更为深远，打击诈骗团伙，防治“精准诈骗”，不仅要封死个人信息泄露的端口，缝紧信息泄露的口袋，提升人民群众的警惕性，避免自我无意识造成的信息泄露，还要在全社会弘扬和践行社会主义核心价值观，加强社会主义核心价值观的教育，达到润物细无声的效果。新的诈骗手段层出不穷，如果不能从价值观念上对社会进行良好的引导，“精准诈骗”可能会改头换面，演变为“更为精准的诈骗”，对“精准诈骗”的打击和防治就会滞后，处于被动的地位，被诈骗团伙牵着鼻子走，只有价值观念的引导到位，在全社会弘扬和践行社会主义核心价值观，才能在与诈骗团伙的斗争中占据主动，将“精准诈骗”扼杀于摇篮之中，治标而且治本。值得欣喜的是，政府已经开始采取多种手段来打击“精准诈骗”，而且在社会主义核心价值观的培育和践行上取得了较好的成效。我们期待在国家、社会和个人的共同努力下，从外部环境上清理“精准诈骗”生存的土壤，从根源上消除“精准诈骗”存在的可能。

（二）诚信建设的经验

1. 建立诚信制度，保障诚信建设的开展

面对诚信失位的现状，邓小平意识到重塑诚信要从制度抓起，他曾多次在不同场合上强调制度建设的重要性：“制度好可以使坏人无法任意横行，制度不好可以使好人无法充分做好事，甚至会走向反面。”[⑧]建立信用制度，以诚信的制度化为诚信建设保驾护航是我国诚信建设的重要经验。在近些年理论探讨和社会实践的摸索后，2001 年《公民道德建设实施纲要》出台，由此奠定了当代中国诚信制度化的基础，《纲要》提出把“明礼诚信”确立为我国公民基本道德规范，这是在国家文明建设的政策上首次把诚信问题放到整个道德建设的框架之内，成为可以实施的一系列的实践活动。党中央随即在 2002 年党的十六大报告中强调指出：要以诚实守信为重点，“建立与社会主义市场经济相适应、与社会主义法律规范相协调、与中华民族传统美德相承接的社会主义思想道德体系”[⑨]。作为加强思想道德建设的重点，诚信反复被强调，成为我国社会主义思想道德建设的突破点和着力点。2012 年党的十八大报告明确提出了构建社会主义核心价值观的十二个概念：“富强、民主、文明、和谐、自由、平等、公正、法治、爱国、敬业、诚信、友善”，诚信成为社会主义核心价值观的组成部分。2013 年 12 月，中共中央办公厅印发了《关于培育和践行社会主义核心价值观的意见》，在《意见》中指出，社会主义核心价值观是与我国的传统文化和人类文明优秀成果相承接的，也是与中国特色社会主义发展要求相契合的。可以说，中央的这些文件和举措将在中国的诚信制度建立和工作开展方面起到十分重要的作用。

诚信被纳入我国社会主义核心价值观之列，足以说明诚信在新的历史时期中被赋予了更深刻的含义。诚信由此成为公民基本道德规范的重要内容，它同时成为国家治理体系和治理能力现代化的重要构成要素和基石。诚信被赋予社会主义核心价值观之名，就是要加强诚信建设，把诚信价值观制度化，从而使得具有道德伦理维度的内在诉求同规章制度的外在指涉结合起来，只有如此才能形成不失信、亦不愿失信、更不能失信的制度体系。中国现阶段正处于改革的攻坚期、社会的转型期，在此重要的历史时刻更应把诚信建设的制度化摆在突出位置，在经济建设的同时不忘道德伦理方面的精神建设。最终形成以诚信光荣、失信可耻为导向的健康社会氛围。

2. 全面建设社会信用体系，推进诚信建设的进程

新中国成立之后，国家经历了较长时期的计划经济，计划经济时期的法律和行政指令规范着经济和社会的所有领域，在这样的社会环境下没有信用制度，更不需要信用信息。但自改革开放伊始，计划经济已经逐渐阻碍了经济和社会的发展，信用问题也逐渐突显出来，社会对信用问题也开始重视起来。由此我们可以看出中国信用体系的两个现状：一是我国信用体系建设起步较晚，二是我国市场经济发展迫切需要建立完善的社会信用体系。

我国信用体系建设起步晚是一个事实。我们要从这

个事实出发，不能完全照搬西方成熟的以市场经济为基础的信用体系，而是要深刻分析这个事实。鉴于中国处于社会信用体系组建发展期的现状，首先，政府在社会信用体系建设初期应处于主导地位。政府需要深度介入诚信体系初建环节中，其主要作用在于为社会信用体系建设提供宏观的规划、设计和充足的启动、发展资金；而且需要制定相关信用法律法规，并对其进行解释和实施；在此基础上要从宏观的角度协调各相关信用部门的利益关系；在扶植信用体系建设过程中要逐步放手，逐渐委托和授权公共征信机构组建大规模的征信系统，而自身则负责社会信用体系建设的监管工作。其次，我国现阶段应以整合公共信用信息资源为主。任何一个国家在信用体系建设初期都是掌握最多信用信息的一方，政府作为最大的社会信用信息征信者和管理者，掌握着八成以上的社会信用信息，中国也不例外。所以，中国现阶段将以整合公共信用信息为主，特别是在社会信用体系建设的初级阶段，连接各级各类政府部门的电子政务网络将整合公共信用信息资源，从而降低成本、高效率地获得大量的已有信用信息，这样就会在短时期内组建较大规模的信用信息系统。第三，应确保公共信用机构和市场信用机构共存的格局。中国的社会信用体系建设不能采用单一的或公共征信模式或市场化征信模式，而要根据具体国情，同时采用两种或更多种组合式的征信模式，并且根据信用体系建设过程中所反映出的不同现象，适时调整各模式所占比重，为更好地发展中国社会信用体系寻找最适合的道路。最后，我们还是回到我国信用体系建设起步较晚这个事实上来。我国正处于经济转轨时期，政府在政治、经济和文化生活中都居于关键位置，政府信用构成整个社会信用的根基。政府信用对企业、个人和社会信用具有引导作用，各级政府应当首先成为责任政府、信用政府，为民用权，为民立信，取信于民，言必信，行必果。政府应当成为企业和个人的信用表率，以政府信用带动企业和个人信用乃至信用体系的建设。

党的十八大提出，加强政务诚信、司法诚信、商业诚信、公民诚信等建设。十八届三中全会再次强调建立健全社会诚信体系，与此同时，2014 年国务院出台《社会信用体系建设规划纲要(2014—2020 年)》，《纲要》确立了我国诚信建设应该着力的方向。社会信用体系的建立是一项具有系统性、涉及面极广的工程，体系的建设不仅要在整体上有规划，同时也要在细节落实上下功夫。就国家而言，诚信是重要的软实力，就每个公民而言，诚信是美德，是在社会上立足的“身份证”。诚信建设全面化将是夯实经济社会发展的信用根基，是和谐共荣美好社会的坚实保障。

（二）诚信建设中存在的问题及其原因分析

在我国经济社会转型过程中，诚信缺失现象引起社会广泛关注，甚至引发部分民众的焦虑。近些年来，我国出现一些诚信缺失现象，如个人信用失常、企业与中介组织信用恶化、银行信用受损、政府信用降低等等。这些诚信缺失现象在一定程度上使市场交易成本增加，对市场交易秩序和有效的市场竞争造成不小的冲击，对政府公信力产生一定的负面影响。在这种情况下，分析我国诚信建设中存在的问题以及它们的根源，对于提高民众的诚信意识和全社会的信用水平，形成履约践诺、诚实守信的社会氛围，具有重要意义。总的来说，我国当前诚信缺失的原因主要有以下几个方面：

一是传统体制向市场经济的转轨过程中社会主义市场经济体制有待继续完善。马克思主义的唯物史观始终强调经济基础决定上层建筑，诚信作为社会主义核心价值观体系的一部分，属于精神文明建设的范畴，亦属于上层建筑，因此诚信秩序的建立一方面有赖于经济的发展进步，另一方面诚信又反过来促进经济的发展。而处于转型期的社会经济体制较不完善是一个不争的事实，这也就要求我们认清这个事实，以这个事实出发来思考经济建设和诚信建设的辩证关系。

二是政府职能存在着一定的错位和不规范现象。根据经济基础决定上层建筑的辩证唯物主义理论,经济转型期所带来的问题,同样会出现在政治上,而且集中表现在政府职能权责上。经济建设需要政府关注,诚信建设亦需要政府主导,然而不可急功近利,诚信建设并非一蹴而就,我们要认清现实,制订具有可行性的建设计划,逐步建立、调整和完善诚信建设的各个程序和各种配置。这就要求政府职能部门要有清醒的头脑、前瞻性的意识和通观全局的能力,从而避免错位和不规范现象的发生。

三是缺乏专门的信用管理制度和法律对社会诚信行为进行引导和约束。上文我们也已提到过中国现在缺乏健全的信用市场,主要是没有一个真正可以依附的实体部门,从而也就在信用管理制度的制定和诚信行为的约束方面没有力度。虽然中央规划出诚信建设的宏伟蓝图,但如果没有一个具体执行和可操作的部门,这个计划也是无从实施的。因此,只有把诚信价值观细化为日常规章制度,才可以由具体部门实行诚信行为的引导和监督、约束,这是一个牵涉全社会各职能部门的繁重工作,是需要花大力气在今后相当长的一段时间实行的工作。

四是传统文化道德式微,新的文化道德体制尚未成型。中国传统道德文化已随五四新文化运动的展开逐渐失去了其旧有的地位,由于当时社会的主要问题是封建落后，所以急需新思想的注入以改变当时国情。但随着新中国的成立和改革开放所带来的全社会的巨大变化，人们逐渐意识到中国传统道德已经离国人远去。在这种文化危机的情况下，一些学者意识到要想树立国人在世界文化中的形象和地位，必须具有本国的特色，因此只有唤醒国人心中本有的传统道德观，才不至于在经济全球一体化的浪潮中失去自我。中国政府和党中央深刻地洞见到这是一个传统文化和现代文明激烈碰撞的历史时期，在传统道德文化处于式微的局面下，具有前瞻性地提出要恢复传统文化，尤其是传统文化中的伦理道德价值，以重建民族自信。在如此大环境下，诚信被纳入社会主义核心价值观，它集中体现了传统文化与新型文化相融合的趋势。

三、构建诚实守信、言行一致的道德家园

中国的发展已经进入经济新常态时期，作为道德核心理念之一的诚信也应随之回归。诚信是立身之本、经商之道、为政之要，是社会健康有序发展的基石。如果说改革开放是为了在经济上解放思想并付诸行动，那么经过三十多年的发展，中国已经有了相当雄厚的经济基础，在经济高速发展的情况下，经济家园建设已经初有成效，然而我们在某种程度上忽视了与经济有着直接关联的诚信——道德

家园的建设,诚信的失位或不在场是经济建设的瓶颈。相反,倡导和培育以诚信为基础的社会主义核心价值观,巩固并加强以诚信为首要内容的公民道德建设是多方位、立体式地推动社会主义核心价值观深入人心的有效途径。因此,随着经济新常态的到来,我们更应呼吁诚信的价值回归。

(一)发挥政务诚信的示范引领作用

诚信不仅是社会公民所要践行的社会主义核心价值观,更是政府首要遵守和履行的信念。政府不仅是诚信价值观的倡导者,更是以实际行动践行诚信价值观的引领者,政府在一切政务活动中都应该秉承诚实守信的原则,为整个社会树立一个诚信的榜样,进而在推动全民道德建设方面起到引领作用。先于社会主义核心价值观明确提出之前,《中共中央关于构建社会主义和谐社会若干重大问题的决定》中已经把政务诚信作为讨论问题提出;在随后的十七届六中全会上提出要深化政风建设,必须把诚信建设摆在突出位置,大力推进政务诚信和司法公信建设;党的十八届三中全会指出政务诚信是全面深化改革必须面对的重大问题,只有取得人民群众的信任,进而构建具有公信力和执行力的政府,才能在全面深化改革方面有进一步突破。

现今政务诚信存在的问题在于权钱交易等腐败现象，以及有言无实等不作为现象。导致这些现象出现的原因，有学者指出，首先是部分地方政府权力运行机制不透明，存在暗箱操作行为；其次是有些政府职能部门决策失误，甚至存在违法行政，当数据失真后，又不能正确对待社会的监督和批评，总是找理由搪塞、想办法诿过，千方百计辩解，更有甚者用虚假信息来误导社会公众；再次是有些部门办事流程冗长，关卡林立，服务意识淡薄，使得群众和企业把与一些政府部门打交道当成负担，不敢接触、不愿接触，但又不得不接触；第四是一些权力部门存在乱决策、瞎指挥的行为，政策朝令夕改，口头承诺变成"空头支票"，正是由于上述现象的存在，才加剧了全社会对诚信问题的焦虑。政治权力机构和公共管理部门因政治素养不够和政治文明建设滞后而难以抵御金钱的诱惑，以权谋私、以权力干预市场经济，造成公平失衡。此类事件的严重性在于，它不仅使市场诚信度减弱，更大大降低了政府和公共管理部门的社会公信度，进而造成整个社会无诚无信的风气。更可怕的是，公众将不再信任政府，政府政策失效，行政管理无法进行，政府诚信度全面下滑，最终政府制定的有利于民众的政策成为一纸空文，整个社会发展陷入停滞状态。

所以我们应当清醒地意识到，诚信是政府获得公众认同的伦理基础，这其中政务诚信又是政府诚信的核心价值和集中体现。政务诚信不仅涉及政府在人民群众心中的位置，更涉及每一个具体的政治事务方面的诚信。就每个公民而言，他们更关注政府在每一个切实与他们休戚相关的事务方面的努力。因此，政府的每项政务活动只有从诚信出发，才能真正做到为民所想，真心真意地为民服务，进而才能在诚信方面对广大人民群众起到表率和引领作用。政务诚信的意义在于，它可以帮助政府赢得人民群众的信任，从而进一步产生对国家这个伦理实体的信任，也就是从这个角度看，政务诚信是人民群众对国家认同的伦理条件。因此，党和国家必须大力倡导政务诚信的价值观，把其作为政府和所有公职人员必须遵守的道德准则。

政府也只有把政务诚信放在政治工作的首位，才能成为维护市场经济顺畅运行的坚实力量，也才能真正成为诚信的引领者。只有以此为基础，同时坚持推进诚信的制度化建设，以人为本、教育优先，加之相应的制度保障，才能在社会产生普遍的诚信意识。

（二）营造讲诚信的商业文化氛围

诚信在以商业为主的经济领域更是处于重要位置。商品经济和市场经济是社会高度发达的产物，其基础是建立在诚信价值之上的契约精神。从计划经济向市场经济转变的一个重要标志是资本的自由调配，随着商品经济的

我国的一批百年老字号商家，凭借优秀的产品质量和诚信的经营理念，获得社会的广泛认同和良好的商业信誉。同仁堂的历代经营者恪守着“炮制虽繁必不敢省人工，品味虽贵必不敢减物力”的祖训，在老百姓心中铸造了一块“金字招牌”

发展，商品生产量已经趋于饱和，供过于求的局面导致竞争的加剧，从而由卖方市场进入买方市场。在买方决定市场的经济中，卖方只有进一步扩大消费的需要，才能使生产出的商品进入消费环节。相反，买方的消费需求则受到当时有效购买力的制约，卖方为了解决这种矛盾从而发明了在流通领域中运用的“分期付款”“商品赊销”“信用卡”等支付模式。众所周知，现行的市场经济就是一种契约经济，信用在此扮演了绝对重要的角色。而到了信息时代，信用更是几乎成为了信息经济的灵魂。市场经济不能没有信用,因为信用可以减少市场交易成本。在开放经济时代,无论买方还是卖方都要具有较高的信用度,同样,合作的双方或多方在信用度方面也要具有较高评价,买卖、合作或交易具备顺利完成的条件。这种原始的交易方式在全球经济一体化、电子信息飞速发展的今天已经完全无法适应。由此,美国学者认为,当代社会可分为高信任社会和低信任社会。在高信任社会中,人与人之间关系和谐、彼此信任,有较高的社会合作意识和公益精神,信用度高、社会交易成本低是它的特点。相反,在低信任社会,人与人之间关系冷漠、彼此提防,相互间在培养信任关系方面有较高的难度和较大风险,社会交往的成本相对偏高。对比两者,我们可以清楚地看出,低信任社会在市场经济的竞争中处于劣势,所以我们提倡以诚信原则为基础的社会主义市场经济,它将会建构起新的和谐的社会人际关系、社会信用体系,从而产生新的经济伦理关系。因此建设诚信市场经济是非常必要也是非常紧迫的任务。

市场经济以获取利益最大化为目的,它一方面从利益层面刺激了利益创造者的生产和经营的积极性,另一方面也调动了社会财富的重新分配。但市场经济唯利是图的天性又会驱使市场的各个参与者的行为并不按诚信规则行事,这将产生巨大的无序力量,冲击传统道德的堤坝,将人与人的关系变成赤裸裸的金钱关系。更为严重的是，市场经济通常以最小成本获取最大利益的模式进行，这种模式必定会诱发市场主体产生不正当竞争行为，使缺斤短两、坑蒙拐骗、假冒伪劣、欺行霸市成为市场行为的常态，这就造成了不合理不合法的潜规则成为社会默认的荒诞现实。在现行的这种市场情况下，构建以诚信为主要内容的社会主义市场规则，就成为规范市场行为、保证社会主义市场经济正常运行的前提。因此倡导恢复中国传统文化中的诚信观就为构建社会主义市场规则提供了可支撑的基础。社会主义应当是并且必定是以诚信为主要内容的市场规则的构架，如果没有中国传统诚信文化的支撑，中国的市场经济就会缺乏中国文化的内涵，不能体现出中国特色，这正是传统诚信文化遗产所具备的强大生命力。

在市场经济中，诚信是作为一种无形资产存在的，它构成了公司企业社会形象和核心竞争力的内在本质。信用度高的企业自然在市场竞争中处于有利的位置，相反信用度低的企业必然会被市场淘汰，市场自由竞争的法则和机制促进了企业对于诚信的追求，而诚信又进一步构成良好市场经济的发展基础。可以说在现实的市场中，诚信与自由竞争是互为前提的，但就其逻辑关系而言，诚信必然是健全市场经济的条件。

（三）开展生活化、常态化的诚信教育

就其根本而言，诚信内化于每个人的道德之中。德国古典哲学的开创者康德把道德看成人类内心深处最根本的东西，是人类理性的内在诉求。他说："有两种东西，我对它们的思考越是深沉和持久，它们在我心灵中唤起的惊奇和敬畏就会日新月异、不断增长，这就是我头上的星空和心中的道德定律。"一语中的，道出了道德的真谛。诚信作为心中道德律的展现，它首先是直面每个人自身的，每个人首先要对自己讲诚信，康德把这个信念定为首要的道德律令，即自己所做之事必须可以成为一条普遍适用于所有人的法则，而不仅仅是对自己有益。在儒家思想中，诚信也是个人立身处世的基本前提，是个人敬德修业的根本要求，个人应在不断地反省内求中诚实对己。孔子经常注意反省自己，樊迟曾问孔子："敢问崇德，修慝，辨惑？"子曰："善哉问！先事后得，非崇德与？攻其恶，无攻人之恶，非修慝与？一朝之忿，忘其身，以及其亲，非惑与？"（《论语·颜渊》）可以说这是对"己欲立而立人，己欲达而达人"的注解。人在社会之中，要先做事，后享受，遇到问题要先责问自己，不要把责任推给别人。同时，儒家思想还提出"慎独"的概念。《大学》中曰："所谓诚其意者，毋自欺也。如恶恶臭，如好好色，此之谓自谦，故君子必慎其独

也。”“诚于中，形于外，故君子必慎其独也。”《中庸》中也有云：“是故君子戒慎乎其所不睹，恐惧乎其所不闻。莫见乎隐，莫显乎微，故君子慎其独也。”《荀子》中也有对慎独的言论：“君子至德，嘿然而喻，未施而亲，不怒而威。夫此顺命，以慎其独者也。”诚信对己就是毋自欺，即不要自欺欺人，“君子”作为儒家的理想人格，首先要做到的就是慎其独也，在没有任何外在束缚下，可以从内心深处萌发自律的善念，并且以此指导自己的言行。

诚信自然也有其外化为伦理的一面，它体现在人与人之间的交往方面必须以诚信为本，只有以诚待人，个人才能在社会上立足，才能真正融入群体生活之中。孔子在人与人如何交往方面提出“损益三友”的思想，“益者三友，损者三友。友直，友谅，友多闻，益矣。友便辟，友善柔，友便佞，损矣”(《论语·季氏》)。这是说在日常交往中，有三种朋友可交，即正直的朋友、诚实的朋友、见多识广的朋友。同时也有三种朋友不可交，即虚伪做作的朋友、谄媚逢迎的朋友、巧嘴利舌的朋友。人与人交往应该本着益者三友的原则，对于不讲信用、缺乏信任的人应该敬而远之。所以子夏有言：“与朋友交，言而有信。”(《论语·学而》)由此可见，诚信不仅是一个人立身处世的前提，而且是人生路上的“通行证”。

综上所述，古今中外的圣人贤士都对诚信的道德伦理性做过充分的论述，进而提倡诚信方面的教育，以期每个人和社会整体可以得到健康的发展。就诚信教育而言，可以做广义和狭义之分，广义的诚信教育指一切有关诚信道德和诚信原则的教育活动，其中最重要的关注领域是政治、经济和文化，因此也就相应地有政治诚信教育、经济诚信教育和文化诚信教育，当然在政治诚信教育中的法制诚信又是重中之重，其中包括立法诚信、司法诚信和执法诚信的教育。广义的诚信教育主要注重诚信的伦理层面的教育。与此形成对比，狭义的诚信教育则是根据受教育者的不同文化层次、不同社会工种而有针对性地展开的诚信教育活动，其中的思想品德教育、诚实守信教育、敬岗爱业教育都从不同方面诠释了诚信教育。狭义的诚信教育主要注重的是诚信的道德层面的教育。

在具体开展诚信教育方面，应该着重开展生活化的、具有针对性的诚信教育，注意避免空洞化的诚信教育。这就要求诚信教育的内容要贴近生活，从诚信的说理教育转变为诚信的生活实践，只有让人民群众切实地在日常生活中感受到诚信的重要性，才能真正使诚信教育走进每一个公民的心中。在具体操作方面，可以围绕法律法规、信贷业务、信用消费、职业发展等方面开展诚信教育，普及诚信在各行各业中的重要作用，避免人们由于对信用的无知而导致的失信。在形式上可以运用多种适合于不同人群，为人们喜闻乐见的方式进行普及宣传。对社会中普遍存在的诚信与道德无法兼顾的问题,展开多层面、多角度的分析讨论,加强人们在诚信道德方面的判断能力和选择能力。

百年兴国,诚信为本。中国正处于社会发展的关键时期,对内要协调好各种社会关系,对外要处理好与世界各国的国际关系,诚信在这里起到的作用是其他社会主义核心价值观无法取代的。振兴中华,复兴传统文化,使社会主义的中国走到世界前列,诚信将是兴国之魂。

注释

①习近平.习近平在辽宁考察时强调领导干部要自觉讲诚信懂规矩守纪律[N].新华日报,2013-09-02(1).

②江泽民.江泽民文选:第3卷[M].北京:人民出版社,2006:560.

③胡锦涛.高举中国特色社会主义伟大旗帜为夺取全面建设小康社会新胜利而奋斗[M].北京:人民出版社,2007:35.

④王征国.道德规范论——以人为核心的道德规范体系研究[M].广州:中山大学出版社,2001.

⑤[德]马克思,恩格斯.马克思恩格斯文集:第5卷[M].北京:人民出版社,2009:722.

⑥[德]马克思,恩格斯.马克思恩格斯文集:第5卷[M].北京:人民出版社,2009:202.

⑦[德]马克思.资本论:第三卷[M]//马克思,恩格斯.马克思恩格斯全集:第25卷(下).2版.北京:人民出版社,2004:671.

⑧邓小平.邓小平文选:第2卷[M].北京:人民出版社,1994:333.

⑨江泽民.江泽民文选:第3卷[M].北京:人民出版社,2006:560.

第四章　友善是公民德行的阳光

友善是中华民族的传统美德，是中国传统文化的价值追求。2013 年 11 月，习近平总书记在山东考察时曾指出：“国无德不兴，人无德不立。必须加强全社会的思想道德建设，激发人们形成善良的道德意愿、道德情感，培育正确的道德判断和道德责任。”公民善良道德意愿和道德情感的形成有赖于友善价值观的培育和践行。因此，对友善的概念进行研究，对我国友善建设中的经验和问题进行总结与反思，对全面建成小康社会条件下培育和践行友善价值观的路径进行探索，具有十分重要的理论及现实意义。

一、友善的内涵、演变及意义

（一）友善的内涵和外延

友善是一种友好和善良的态度，是对道德价值的美好追求，是一种优良的道德品质。自古以来友善就被视为中华民族的传统价值追求之一，具有极为丰富的内涵。

从词源上来说，“友善”由“友”和“善”两个字构成，“友”字在甲骨文中是一个象形字，是两只右手靠在一起的形状，表示用手相互帮助，也就是“相交为友”；在金文、小篆中，“友”都是用两只右手靠在一起来表示相交和相互帮助的含义。《说文解字》中则认为“同志为友”，是志趣相投的意思。“善”字是一个会意字，代表着吉祥和高兴。最早的“善”字有很多种写法，但是基本上都是由人和羊构成，表达两个人互道吉利话的含义；《说文解字》中曾指出：“善，吉也。”“善”同时还具有“完好，共同满足”的含义，是一种表达美好和善良的形容词。“友”与“善”相结合是指“亲近、和睦”。友善还是一种德行，“友”侧重的是一种外在道德行为，是人们交往行为的友好；“善”则是指内在德性，强调一种善意的态度。“友善”即要求人们在人际社会交往中对待他人、对待自己、对待自然都要有基于善良之心而表现出来的友好，要有由内而外的友好和善良。

当前一些学者对“友善”的内涵进行了讨论，有学者认为：“友善是一种态度，友善是仁爱，是宽容，是协助，是礼让，是和气，友善是对别人友好而善意，是与人为善、成人之美、救人急难。”有学者认为：“在人际交往中基善良之心所表现出来的友好的态度和善意的举动，便是友善。尊重宽容、谦敬礼让、关爱他人是其基本要求。”还有学者指出：“社会主义友善观涵盖了以下几点基本内容：善以待人、和气待人、诚实待人、宽厚待人、平等相待。”这些学者的讨论为“友善”内涵的研究提供了参考和借鉴。

社会主义核心价值观中的“友善”不仅包括人际交往和社会交往中的内容，还应该包括人与自身、人与自然等方面的内容。社会主义核心价值观中的友善不仅强调要善待他人，还要善待自己，善待自然，不仅为他人着想，还要实现个人的全面发展，实现人与自然的协调发展，进而处理好人与人、人与己、人与社会、人与自然之间的关系。总的来说，社会主义核心价值观中的“友善”应该包含三个层次的内容，一是与人为友、与人为善，二是与己为友、常存善念，三是与自然为友、善待自然。

马克思主义认为，人的本质是一切社会关系的总和，人的本质的实现离不开人际关系和社会关系的形成。友善的第一层含义是与人为友、与人为善，可以建立和谐的人际关系，促进和谐社会关系的形成。孟子曾说过，“故君子莫大乎与人为善”，也就是说与人为善是君子最高的德行。与人为友不仅仅是表面上的嘘寒问暖，或者一味的附和，更应该是发自内心的真诚。

友善不仅指与人为友、与人为善，而且蕴含着与己为善、常存善念的含义。对他人和社会友善一直是中国传统文化关注的焦点，慎独、内省同样是中华民族的传统美德，《中庸》中说道："故君子慎其独也。"《论语·学而》中也说："吾日三省吾身——为人谋而不忠乎？与朋友交而不信乎？传不习乎？"《管子》中指出："善人者，人亦善之。"可见处理好与自己的关系是处理好与他人和社会关系的基础。人与他人相处离不开与己友善，人的自由全面发展也离不开友善品质的提升，与己为友，常存善念，才能够实现人的自由全面发展。

与自然为友扩展了友善的对象和内涵，将友善作为社会主义核心价值观的重要内容，体现了中国传统文化对天人合一、天下大同的追求。党的十八大报告中强调要"大力推进生态文明建设"，从一定意义上讲，人类对自然的友善，源自于对自身生命的热爱和尊重，同时也是人类生命内在价值的体现。

（二）友善观念的形成和发展

友善作为人的基本道德规范有着自身的历史延续性和现实必然性，友善在人类历史的长河中留下了深刻的印记，有着自身发展和演变的历史脉络。

中国传统文化中一直蕴含着"友善"的价值观，中国古代对友善的理解是与儒家所倡导的"仁爱"联系在一起的。儒家强调"仁者爱人""亲亲而仁民"，认为"爱人"是"仁"

的根本,是人应该追求的德行,只有拥有“爱人”这一德行的人才能获得幸福。儒家对友善的追求具有三重境界,第一重境界是“己所不欲,勿施于人”,严于律己,自己不想要的也不要强加给别人;第二重境界是“己欲立而立人,己欲达而达人”,也就是说自己对他人仁爱,他人才能对你仁爱,自己对他人豁达、宽容,他人才能对你豁达和宽容;第三重境界是“推己及人”,也就是通过对自己内在情感的体察,来理解别人内在的情感,达到情感和思想的“共情”和“共鸣”,设身处地地为对方着想,由爱自己推广到爱别人,做到“老吾老以及人之老,幼吾幼以及人之幼”。孔子认为,做到了推己及人也就做到了“仁”。从儒家对“仁爱”的追求可以看出,真正做到爱他人如爱自己才是最高境界,这也体现了儒家对人与人之间友善关系的追求和对友善品质的崇尚,反映了传统文化中善待他人的基本价值取向和朴素价值观。

西方历史上也存在着对友善的追寻。苏格拉底认为,人的德行是最高的善,友善是人的德性的重要组成部分,是人类生存和生活需要关注的重要议题;亚里士多德认为,友善是人的重要美德,是人类幸福生活的保障,德行本身的友善超越功利和实用的价值,是友善的最高境界。西方历史文化传统中的友善还与神学密切相关,在中世纪的黑暗时期,友善开始变成超验的对神的爱戴和对统治阶级无条件的顺从。特别是在资本主义时代,友善的功利性和目的性更加突出,友善成为了一种伪善。

社会主义核心价值观中的关键词“友善”与我国传统文化中的“友善”及西方历史文化中的“友善”既有联系,更有区别。三者之间在一定范畴内的表现和含义上存在着相似之处,但存在着本质上的区别。

首先,无论是我国传统文化中的友善还是西方历史中的友善都具有先验性的因素和宗教性的因素,人性本善的抽象人性论和西方宗教的神谕论、天启论都包含着先验性和神秘化的特点,而社会主义核心价值观则是建立在人的社会交往的本质基础上,建立在现实的利益关系之上,是现实的、具体的价值观念。

其次,中国古代的友善和西方文化中的友善调节的对象主要是宗法关系、君臣关系、夫妻关系、血缘关系,将血缘关系、自然关系、政治关系之外的人或对象排除在外,而且往往只强调臣子对君王、妻子对丈夫、孩子对父亲、人民对统治者单方面服从的义务,而不是相互的真诚的友善和关心,这种条件下的“友善”具有强烈的排他性、狭隘性和权利义务的不对等性。社会主义核心价值观所倡导的友善的对象不仅仅局限于血缘关系和宗族关系内部,而是面向一切人甚至是自然界,不仅强调要善待他人,还要善待自己,善待自然,进而处理好人与人、人与己、人与社会、人与自然之间的关系，实现个人的全面发展，实现人与自然的协调发展，这种友善是开放的、平等的、真诚的、互爱的友善。

最后，中国古代的友善和西方文化中的友善具有强烈的功利性和目的性，特别是具有强烈的政治目的性，人际关系的友善更多的是为了维护政治统治，而且这种友善还有等级之分，友善的自身德行的价值体现较少。社会主义核心价值观中的友善是一种自觉的、真诚的、平等的、交互的友善，是与公民社会生活相符合的美德，在这种情况下，友善本身就是目标，而不是工具，人们会以友善为目标，自觉主动地在生活中善待自己、善待他人、善待自然。

可以说，社会主义核心价值观中的“友善”是在继承传统文化中友善观念的有益部分基础上，结合新的时代背景和社会需求形成的独具特色的概念，倡导社会主义核心价值观、倡导友善的价值观念，无论对于个体、社会还是自然都具有重要的意义。

（三）友善的实践意义

友善从古至今都是人们崇尚和追求的重要价值观念。管子的“善人者，人亦善之”，老子的“上善若水。水善利万物而不争，处众人之所恶，故几于道。居善地，心善渊，与善仁，言善信，政善治，事善能，动善时。夫唯不争，故无尤”，孟子的“君子莫大乎与人为善”，诸葛亮的“势利之交，难以经远。士之相知，温不增华，寒不改叶，能四时而不衰，历险夷而益固”，无不是对友善的一种尊崇。在全面深化改革开放、全面建成小康社会的背景下，培育和践行社会主义核心价值观中的“友善”价值观念具有特殊意义。

1. 友善是自我发展的催化剂

友善是个人自我发展的催化剂，是公民个人品行的重要标志，也是每个人健康幸福生活不可或缺的条件。

友善不仅仅是人与人相处的方式和态度，还是一种品质。孔子、孟子都曾强调“仁者爱人”，“仁爱”是人之为人的根本，荀子也曾指出“仁者必敬人”，也就是人要有爱心，要尊重别人，要对人友善，这是人最基本的道德修养和品质，也是人自由全面发展必须要具备的条件。一个没有友善品质的人，一个不能友善对待自己、对待他人、对待自然的人，不可能成为全面发展的人。

在当今社会，友善对社会成员个人自我价值实现的影响也越来越大。马克思曾说：“人的本质不是单个人所固有的抽象物，在其现实性上，它是一切社会关系的总和。”人的本质是社会关系性，人的本质必须要在与其他人的社会交往中才能实现。在当代社会，人与人之间的联系越来越密切，社会对人的道德修养和人格素质越来越重视，企业、单位对职工进行考察必然选择具有良好道德品质的人、选择接人待物真诚友善的人；一个对待别人不真诚、不友善的人很难获得别人和社会的信赖与帮助，也很难为社会、为他人奉献自己的热情和能量。在此意义上，社会成员能否拥有友善的品质很大程度上影响着个人的职业发展和个人自我价值的实现。

友善还是个人获得事业成就感和生活幸福感的重要条件。孔子在《论语·述尔》中指出“君子坦荡荡，小人长戚戚”，在古代尚且如此，何况是在社会压力越来越大、社会竞争越来越激烈的现代。与人为恶，或者以不良的居心揣测他人都会徒增烦恼，将人带入悲观失望的境地；与人为善的态度可以帮助人们形成一种积极乐观、互帮互助的心态，可以使家庭的氛围更加和睦，使单位的氛围更加和谐，使社会的氛围更加和善。友善的态度可以帮助人们更好地缓解生活和工作中的压力，摆正积极的心态，以善意看待社会和他人，从而获得事业和生活上的幸福和满足。

2. 友善是人际关系的调和剂

友善作为社会主义核心价值观的重要内容，是现代社会人际关系的基本道德规范，是人际交往的调和剂。与传统宗族社会中以血缘为主导的人际关系不同，当前，中国社会中社会成员之间的关系日趋多元化和复杂化。在传统宗族社会中或者农业社会中有通行的族规或者乡俗民约，有亲情和邻里之情进行着人际关系的调节。

清朝康熙年间，桐城人张英担任文华殿大学士和礼部尚书。其府第与吴家相邻，中间有个空地供两家来往使用。后来吴家建房想越界占用，张家不服，双方发生纠纷。张英家人给在京城的张英写信，张英看到老家人写的信后回复道："一纸书来只为墙，让他三尺又何妨？万里长城今犹在，不见当年秦始皇。"老家人看到张英的信后，便主动让出了三尺地界，退后三尺筑墙。吴家人得知张英如此开明豁达，非常感动，当即也让家人让出三尺地界，将院墙后移三尺，如此便有了"六尺巷"的故事。"六尺巷"这一地名也因其友善礼让、和谐包容的精神而广为人知。

改革开放以来中国社会经历着巨大的转型，城镇化和现代化带来社会巨大的改变，传统的社会关系的纽带也发生着激烈的变化，甚至产生一定的断裂。冷漠逐渐代替了友善，成为很多人对待他人的态度。在社区层面，曾经大家遵守乡规民约、互助友爱的乡土社会逐渐被一个个商业小区取代，人与人之间减少了联系甚至没有联系，更谈不上情感上的友善互助。特别是服务行业，友善本应是其竞争力的一部分，对客人友善的服务业无疑会增加客人的好感和信任。但相较于日本等服务行业发达的国家而言，我国服务行业从业人员的态度缺乏友善，态度敷衍是很多消费者对服务人员的评价，消费者对服务行业评价与其支持度是挂钩的，服务行业难以吸纳更多的消费，也难以进一

2014年11月15日，中纪委书记王岐山造访安徽桐城“六尺巷”，高度评价“六尺巷”故事蕴含的中华民族优秀品德——修身为先，大度做人。张英的谦逊礼让，不仅成为邻里之间和睦相处的典范，更是中华民族里仁为美、和谐理念的充分体现

步实现其转型升级。

社会关系纽带的断裂引发了很多人际关系的冲突：在地铁里不小心碰到人就可能引起一场混战，在饭店吃饭因为上菜慢就可能引发一场争执……人际关系极度脆弱，人与人之间缺乏信任，人与人之间剑拔弩张的情形时有出现。在这种情况下，需要一种新的社会关系纽带来对人与

人之间的关系进行调节，需要一种通行的价值规范、道德规范对人们进行约束，这种人际交往的纽带就是友善。在社会成员产生摩擦和冲突的时候，友善具有缓解矛盾、舒缓气氛的功能，可以使人从狭隘的自我中走出来；当人与人的关系日益疏远和冷淡时，友善可以打破邻里生活的壁垒，缓解人际关系的紧张，使人感受到人与人之间关系的真诚和美好，消解人与人之间的冷漠和敌意。尊重他人、信任他人、宽以待人是建立良好的人际关系的最佳方式。友善这一人际关系的调和剂可以帮助我们建立一个温暖和谐的幸福家园。

3. 友善是和谐社会建设的润滑剂

新中国成立以来，特别是改革开放以来我国的经济、社会、文化取得了巨大的发展，创造了令世界瞩目的中国奇迹，中国模式、中国道路引起了国内外学者的高度关注，改革开放、社会主义市场经济的发展带来了经济的腾飞和社会的进步，同时也带来了社会利益格局的变革和社会结构的变动，带来了对自然资源的过度开发。

随着人们思想观念的日益多元化、经济成分的多元化和经济利益的多样化，一些新的问题产生了。有学者指出，“中国进入了一个社会关系稳定的脆弱期和社会矛盾爆发的高风险期”。社会利益的分化、社会冲突的出现、人地矛盾的激化急需要友善的价值观念进行调节，特别是改革开放进入深水区的今天，友善的价值观念对于和谐社会建设的重要意义更加突显。友善的价值观念倡导人们尊重他人、包容他人、尊重自然，既尊重别人的思想观念，也包容别人的行为方式；既保护自然界的资源，又尊重自然界发展的规律，不再用竞争的、敌对的视角看待他人、社会及自然，而是将他人、自然作为自己成长的伙伴，以一种命运共同体的精神和视角，以开放、包容的心态对待他人的生活方式、文化和观点，在社会生活中求同存异。

冯鹏飞，河南封丘县人，芜湖市城光土石方有限公司工程部经理。自身患有四级残疾，母亲常年患病，是名副其实的弱势群体，但是冯鹏飞不仅身残志坚，而且还以他的一己之力尽可能地帮助他人。2010 年，因母亲患病住院，偶遇志华爱心团队志愿者程志华，不足 30 岁的冯鹏飞心潮澎湃，他也要用自己的行动去帮助弱势群体，和程志华一起做义工，助人为乐。冯鹏飞说："我不图名，不图利，就是想让别人都幸福、快乐。我愿意做残疾朋友的腿，让他们走遍大街小巷；做盲人朋友的眼，让他们看到美好的世界，感受到人间真情；做三无老人的孩子，让他们晚年幸福，享受天伦之乐，不再孤单；做孤儿的父亲，让孩子们得到父亲的关怀。"在冯鹏飞的身上，我们看到了当代青年的社会责任感，他践行着"老吾老以及人之老，幼吾幼以及人之幼"的人生理念。

“万物并育而不相害，道并行而不相悖。”以开放、友善、包容的心态对待他人、社会及自然界，尊重差异、尊重多样性、尊重自然发展的规律，社会就会更加和谐，人与自然的关系就会更加美好，社会成员的心态就会更加积极向上，人民群众就会更加团结，社会才能实现更快速地发展，中华民族伟大复兴的中国梦才能够实现。在此意义上，“友善是和谐社会建设和实现中国梦的重要目标追求”。[①]

二、我国友善建设的经验、存在的问题及问题解决路径的研究

党和国家长期以来高度重视友善建设，取得了一系列的成绩，为我国的友善建设提供了历史经验的借鉴。但是，伴随着改革开放和社会主义市场经济的发展，我国在友善建设的过程中出现了一些新的问题，友善的价值导向作用在一定程度上弱化了。在这种情况下，对我国友善建设取得的经验进行总结，对友善弱化的表现和原因进行分析，对加强友善的建设、突显友善的调节作用具有重要的现实意义。

（一）友善建设的历史经验

改革开放以来，我国的友善建设取得了一系列的成

果，友善建设的成果主要是将友善上升到国家总体布局的高度，从国家建设层面推进友善建设，将友善建设制度化、规范化，以各项制度法规保障友善建设，同时注重形成合力，全方位多层面推动友善建设。

1. 提升政治站位，从总体布局的战略高度定位友善建设

党和国家领导人历来重视友善的建设，并将友善上升到国家发展的总体布局的战略高度，作为社会主义精神文明建设、社会主义和谐社会和社会主义核心价值观的重要内容。友善建设的重要性和合理性得到了确认，受到党和国家领导人的重视，友善总体布局的战略地位为友善建设的顺利进行打下了政策基础，为友善的建设提供了可借鉴的经验。

我国的友善建设是与社会主义精神文明建设紧密相连的，虽然在党的十八大之前党和国家并没有明确提出要建设“友善”的价值观，但是友善一直作为我国精神文明建设和道德建设的重要内容，对人民群众的思想观念和社会行为发挥着调解和指导作用。邓小平曾指出：“所谓精神文明，不但是指教育、科学、文化（这是完全必要的），而且是指共产主义的思想、理想、信念、道德、纪律，革命的立场和原则，人与人的同志式关系。”[②]党的十六届四中全会上，友善作为和谐社会的重要内涵被提出和强调。

党的十八大以后，党和国家领导人更是将友善提升到社会主义核心价值观的高度，将友善作为一种全社会追求的价值观念进行宣传和倡导。党的十八大报告明确将“友善”写入社会主义核心价值观的内容。习近平总书记也曾多次公开表达对友善价值观的重视和推崇，他曾多次引用传统文化中对友善的论述，如“亲仁善邻，国之宝也”，将友善上升到国家之间的高度；“以诚感人，以心暖人，以情动人”，认为友善可以帮助人们以开放和包容的心态对待万物；“万物并育而不相害，道并行而不相悖”，认为友善有助于消除隔阂，凝聚共识，这都体现了国家领导人对友善价值观建设的重视。

习近平总书记非常重视培育和践行友善的价值观念，曾多次引用我国传统文化中关于“友善”价值观念的论述，在国际交往中树立了友善的国际形象。2012 年，香港《大公报》刊登美国艾奥瓦州州长布兰斯塔德接受专访回忆 27 年前习近平首次访美时说道：“他(习近平)非常热情，非常开放，充满智慧，我们把他当作一个好朋友。”2014 年 10 月 15 日，美国《国家利益》双月刊网站发表题为“关于中国国家主席习近平的几个有趣事实”的文章中指出：“表里如一。习近平通过他的言行倡导的理念和价值观具有不同寻常的一致性。”2013 年 3 月，俄共主席久加诺夫回忆 2010 年与时任国家副主席的习近平的两次见面时指出："习近平待人亲切、自然、朴实，同时又非常尊重对方。"2010年俄中友协主席、俄科学院远东所所长、著名汉学家季塔连科院士评价时任国家副主席的习近平说："人们都想接近他，都想和他交谈。"2013年3月，习近平主席对南非进行国事访问并出席在德班举行的金砖国家领导人第五次会晤，南非国民议会议长西苏鲁、总统府部长柯林斯·沙巴纳接受记者采访时指出："习近平随和友善，是一位谦虚而又意志坚定的领导人，作为一位睿智的政治家，真正代表着全体中国人民的意愿。"习近平主席友善的国际形象，正是友善的价值观念的体现。

2. 强化制度建设，以德治国、依法治国相结合保障友善建设

友善建设之所以能够有效进行，离不开社会主义法治制度的保障。坚持以德治国与依法治国相结合是我国友善建设的重要经验，以制度化和法制化来促进友善建设的进行、弥补友善建设的不足、保障友善建设的开展，是我国友善建设的重要举措。友善建设属于我国道德建设和精神文明建设的内容。道德约束与法律约束不同，道德约束是弹性的，不具有强制性的约束力。这样在道德建设过程中就出现了很多"似是而非"的问题，这就要求我们在道德建设、友善建设中充分发挥制度化和法制化的作用，对友善的性质、地位进行规定，对友善者进行鼓励和表彰，对不

友善行为进行批评和惩治，从而保证友善建设的体制化和长效化。近年来，我国出台了一系列的法规制度，印发了一系列的政策文件，如在2001年中共中央印发的《公民道德建设实施纲要》中首次将友善纳入了公民基本道德规范，《纲要》指出要在全社会大力倡导“爱国守法、明礼诚信、团结友善、勤俭自强、敬业奉献”的基本道德规范，以及在十八大报告中将友善纳入社会主义核心价值观的关键词之中进行规定和推广，这些政策文件都有效保障和促进了友善建设的制度化和常态化。

3. 注重形成合力，全方位多层面推动友善建设

在推动友善建设的过程中，党和政府充分发挥了积极引导作用，从精神文明建设层面、公民道德规范层面、公民的价值观引导层面、国家与社会发展层面，对友善的价值观念进行宣传和引导，这为在全社会广泛开展友善教育、友善宣传提供了通畅的渠道，促进了人民群众对友善的认同，号召更多人投入实践友善的行动中。在推动友善建设的过程中，新闻媒体、互联网等都发挥了重要的作用。在信息传播速度越来越快、信息交往越来越频繁的现代社会，新闻媒体发挥着越来越重要的舆论引导作用，很多新闻媒体成为传播友善观念的主渠道，对友善的观念进行理论的宣传和引导，对友善的模范榜样进行正面的宣传，对不友善、不符合公民基本道德规范、不符合社会主义核心

价值观的行为进行抨击和批判，吸引更多的人了解友善、学习友善、参与到友善实践之中，让更多人关注友善的发展。

各类道德模范的评选树立了一大批践行社会主义核心价值观的榜样人物，全国道德模范评选、“感动中国”人物评选、中国好人榜评选等活动极大程度上发挥了道德模范的榜样引导作用，提升了友善建设的效果。在友善建设中各类基层党组织和基层村民自治组织也发挥了重要的作用，如城市居民委员会进行的和谐社区建设，农村村委会开展的社会主义新农村建设和美丽乡村建设，都让友善的观念在人们的心中生根发芽。同时对中国传统文化中的友善价值观念进行宣传，充分发挥传统文化在我国友善建设中的作用，取其精华、弃其糟粕，也是我国友善建设的重要经验。

（二）友善建设中出现的友善弱化问题

友善是中华民族的传统美德，是人的优良品质。伴随着市场经济的不断发展和人们生活水平的不断提升，人们的物质生活日益丰富，各类社会思潮涌动，人们的价值观念开始受到各种思潮的冲击，有些人在物欲的冲击下丧失了对友善德行的坚守，丧失了友善的优良品质，丧失了基本的道德操守，特别是西方普世价值、公民社会、宪政民主等意识形态不断向中国渗透，个人主义、享乐主义、自由主义、道德相对主义、犬儒主义不断侵蚀人们的人生观、价值观，带来了一系列的现实问题。这些问题反映了友善建设中友善的弱化，也就是友善行为主体在信念、意识和责任感方面的缺失和淡漠。

友善弱化的表现之一是公民道德共识薄弱带来的道德信念危机和道德相对主义。友善弱化的首要表现是公民对友善的道德认同度降低，甚至将道德认为是个人的事情，认为不友善、不道德是不违法的，别人无权对他人进行道德评判，进而使道德权威性下降，人人都站在自身的角度去审视道德、理解道德，无法形成对道德的共识："我国社会目前所面临的'道德危机'实质上是'道德信念危机'，是道德'权威性'的下降以及由此引起的道德自律或道德约束力的不断弱化。"③这种道德信念的危机和道德相对主义就从根本上使友善价值观的实践陷入困境。

友善弱化的表现之二是公民道德责任感丧失带来的道德冷漠。友善的核心是付出和给予，是用友善的态度对待万物和自然，友善的道德观念之所以能够形成是由于友善的主体形成一定的道德共识和道德责任。一旦公民的道德责任感缺失，即使认识到友善的重要性也无法主动去承担友善的责任，事不关己、高高挂起，友善对人的行为就失去了道德约束力。当前社会道德责任感缺失导致了很多社会关注的热点问题，尤其是在公共空间中的道德冷漠问题。

友善弱化的表现之三是公民道德原则缺失导致的道德上的犬儒主义。公民道德上的犬儒主义是与公民道德责任感丧失紧密相连的，公民道德责任感的丧失使公民的道德底线后退、道德原则缺失，公民对不友善、不道德的行为无条件地容忍和退让，导致道德上的犬儒主义。犬儒主义起源于古希腊，其本意是一种旁若无人、放浪形骸、不知廉耻却忠诚可靠、感觉灵敏、敌我分明、敢咬敢斗的心态。现代犬儒主义却与其本意相去甚远，现代犬儒主义更强调一种玩世不恭的心态，强调表面上的糊涂和顺从，对任何事情都进行调侃，对现实社会中一切好的、不好的东西都不反抗地接受。道德上的犬儒主义更是如此，导致人们的道德底线不断拉低，道德原则不断丧失。对违背道德的行为和不友善的行为不批判、不反抗，助长了道德的滑坡和公共空间的道德冷漠。

友善弱化表现之四是西方意识形态带来的极端个人主义和享乐主义。西方意识形态中的宪政民主、公民社会、“普世价值”等思想都是以资本主义条件下的个人主义和享乐主义为基础的，这些西方资本主义意识形态打着所谓的“自由”“平等”“民主”“普世价值”的旗号，试图宣传资本主义政治制度和资本主义思想文化，强调极端的个人主义，主张个人的权利高于一切，主张实行私有制，否定集体主义，否定公有制的经济基础。西方意识形态对国内民众的思想进行侵蚀，一些看不清西方意识形态本质的人受这些思想的鼓吹，开始追求个人至上、享乐至上，任何事情都将个人的利益摆在前面，更无法用友善的观念对待他人、对待社会、对待自然。

（三）友善弱化现象改善的路径

当前友善建设中存在的问题和友善弱化的现象要求我们必须要对友善建设的路径进行新的探索，增强友善的信念、意识和责任感。

增强友善的道德信念，解决公民道德共识薄弱带来的道德信念危机和道德相对主义问题，必须要提升友善的道德观念，凝聚民众对友善的共识。公民道德信念危机的解决依赖于公民道德信念的形成，在中国传统文化中有着丰富的友善道德内涵，这种文化传统是植根于每个中国人的文化基因之中的，使民众对中国传统文化有着天然的亲近感和认同感。习近平总书记曾指出，培育和弘扬社会主义核心价值观必须立足中华优秀传统文化："牢固的核心价值观，都有其固有的根本。抛弃传统、丢掉根本，就等于割断了自己的精神命脉。"因此，在宣传和实践友善价值观念的过程中必须对传统文化中友善的概念进行提炼和提升，将传统文化中积极的、向上的因素吸取到社会主义核心价值观的友善中来，为公民增强道德共识提供良好的条件。

培育共同体意识，建立中华民族精神共同体是增强公民道德责任感、消除道德冷漠的重要途径。现代中国面临着社会结构的转型和道德伦理的转型，随着城镇化的进行，基于血缘、地缘关系的传统人际交往关系不再占有主导地位，人们的价值观念、行为方式都在发生着急剧的变化，有学者认为："道德维系的基础由情义转变为功利……现代社会的人很难找回传统社会中那种永恒而亲密的情感。"[④]在这种情况下，必须要建立一种新型的人际交往关系和新的人际交往纽带，这个纽带就是共同体的精神。党的十八大以来，国家领导人高度重视对共同体意识的培育，党的十八大报告指出要"倡导人类命运共同体意识"，习近平总书记也多次强调"要大力培育中华民族共同体意识"，习近平总书记在纪念中国人民抗日战争暨世界反法西斯战争胜利70周年大会上的重要讲话中指出："为了和平，我们要牢固树立人类命运共同体意识……相互尊重、平等相处、和平发展、共同繁荣，才是人间正道。"人类共同体意识体现在精神和道德层面就是建立精神共同体，使人与人之间的关系维系的基础从功利转向道义，从冷漠转向友善。

建立完善的奖惩机制是克服公民道德上犬儒主义的重要途径。由于道德不具有法律上的强制性，道德的践行一定程度上要依靠道德践行主体的自律，在主体自律性不强的情况下，单纯依靠自觉性很难保障友善价值观念的践行。此时就需要社会舆论的引导监督和奖惩制度的激励与约束。建立完善的奖惩机制需要加大对道德奉献者的"回报"，这种回报可以是物质上的奖励，可以是精神上的表彰，或者可以是对道德奉献者最简单的温暖的回应；同时建立完善的奖惩机制还需要加强对部门不道德行为的惩罚，建立相应的规章制度保障道德规范实施的畅行无阻，通过公平公正的道德奖惩机制的构建，号召和影响更多人与人为善，助人为乐，让更多人坚守道德的原则，让道德上的犬儒主义无处躲藏。

引导民众树立马克思主义的世界观和方法论，认清西方宪政民主、公民社会、"普世价值"等观念的本质，对西方资本主义意识形态说"不"，是解决当前社会极端个人主义和享乐主义流行的主要路径。当前社会各类思潮涌动，对民众价值观念的影响也越来越大，《人民论坛》2016 年第 1 月下期刊载了《2015 值得关注的十大思潮调查报告》，报告中对当前影响人们的十大思潮进行分析，其中新自由主义、"普世价值论"、道德相对主义分别以 8.78 分、7.32分、5.78 分的综合得分入选 2015 年关注的十大思潮，可以看出，西方意识形态特别是道德相对主义对当前民众的思想观念产生了巨大的冲击。应对上述思潮的冲击就必须要引导民众树立马克思主义的世界观和方法论，引导民众用辩证唯物主义、历史唯物主义的观点分析问题。透过现象看本质，用批判的思维去审视各类社会思潮，批判和抵制个人主义和享乐主义，克服极端自私的价值观念和行为倾向，增强对社会主义核心价值观的认同，自觉践行友善的价值观念。

三、培育与践行友善价值观的基本对策

中共中央办公厅在 2013 年 12 月 23 日印发了《关于培育和践行社会主义核心价值观的意见》，文件指出，要积极培育和践行社会主义核心价值观，强调培育和践行社会主义核心价值观是推进中国特色社会主义伟大事业、实现中华民族伟大复兴中国梦的战略任务。培育和践行友善的价值观念必须要将友善价值观的培养纳入国民教育体系，为友善价值观的培育奠定牢固的政治基础和坚实的物质基础，不断完善友善的道德回报机制。

（一）将友善纳入国民教育体系

《关于培育和践行社会主义核心价值观的意见》的第

二条中就指出:“把培育和践行社会主义核心价值观融入国民教育全过程。”[5]友善是公民基本的道德行为规范,是一个人最基本的道德素养,是德行的标志。国民教育侧重于对国民整体素质的提升,将友善这一基本素质纳入国民教育的培育体系是国民教育的应有之义,要将国民教育作为培育和践行友善价值观念的重要途径,充分发挥国民教育对友善价值观念的培育和引导作用,将友善价值观念的教育作为国民教育的目标,教育和引导公民自觉践行友善价值观念。

1. 友善是国民教育的应有之义

国民教育体系主要培养国民的基础能力素养,友善的价值观念蕴含在我国国民教育对真、善、美的追求之中,体现在国民教育的方针——德智体美劳全面发展之中。德智体美劳是我国人才素质定位的基本准则,也是我国国民教育的重要目标,现阶段应该将国民教育本身蕴含的友善价值观念进行提升和深化,明确将友善纳入国民教育特别是思想道德教育的核心内容,以友善的价值观念引导学校教育、成人教育和家庭教育,增强社会各个群体特别是青少年群体对友善相关知识的学习、对友善价值观念的认同和对友善价值观的实践,实现全社会友善教育的制度化和体制化,促使全社会自觉主动地培育和践行社会主义核心价值观。

2. 国民教育是友善培育和践行的重要途径

我国国民教育体系具有严谨的体系和合理的结构，现代国民教育体系主要包括基础教育、高等教育、职业技术教育、成人教育，这样合理的结构能够涵盖最为广泛的社会群体，扩大友善价值观教育的覆盖面和影响力。同时现代国民教育有着良好的保障机制，经费保障、教师保障和国民享受教育的权利保障等，都为国民教育的顺利、高效开展提供了保障。国民教育体系为友善价值观的培育提供了良好的路径载体，将友善纳入国民教育体系之中可以保障友善价值观教育的有序、高效进行，同时也节省了专门设置友善价值观教育体系的教育成本，保障了友善价值观教育最快速、最高效地覆盖更多的人群。

3. 充分发挥国民教育对友善价值观念的培育和引导作用

2014 年，习近平总书记在 3 月 5 日学雷锋日到来之际给“郭明义爱心团队”回信时指出：“雷锋精神，人人可学；奉献爱心，处处可为。积小善为大善，善莫大焉。当有人需要帮助时，大家搭把手、出份力，社会将变得更加美好。”细微之处见真情，平凡之中显伟大。只有从生活点滴入手，立足岗位，脚踏实地，学雷锋才能落到实处。只有“努力践行社会主义核心价值观，积极向上向善，从‘赠人玫瑰、手有余香’中感受善的力量，以实际行动书写新时代的雷锋故事”，才能“为实现中国梦有一分热发一分光”。

将友善纳入国民教育体系是培育和践行社会主义核心价值观的要求，对于在全社会范围内推广和普及社会主义核心价值观具有重要的意义。在培育和践行社会主义核心价值观的过程中必须充分发挥国民教育对友善价值观的培育和引导作用，将友善价值观的教育作为学校教育、家庭教育的目标，注重形成以学校教育为主，家庭教育和社会教育为辅的教育路径，同时注意将社会实践、社会志愿服务作为培育和践行友善价值观的重要途径，引导各类群体特别是青少年学生投身到社会志愿服务中去，体验助人的快乐，进而形成教育合力，引导公民自觉践行友善价值观。

（二）巩固友善的政治基础

友善是社会主义核心价值观的重要组成部分，社会主义核心价值观作为社会主义国家弘扬的价值观，是建立在社会主义制度基础之上的。其中，社会主义民主是构建友善价值观的政治基础，巩固友善价值观必须要高扬社会主义民主的旗帜，巩固人民民主专政制度。

友善包括人与自身的友善、人与他人和社会的友善、人与自然的友善等，这些友善内容的核心是利益关系的调整，不同的群体、不同的个体都有不同的利益诉求，就有可能产生利益的冲突。实现人与自身、人与他人、人与社会友善的前提条件是，不同社会群体拥有良好的利益诉求表达机制和调节实现机制，这个机制就是政治制度。一个健全的政治组织和政治制度能够保障社会的良好运转，保障人民群众有利益诉求表达的渠道。通过政治途径调节和实现不同群体的正当利益，可以消除社会上存在的矛盾，为友善奠定政治基础："政治的最大效用是能为社会生活提供结构性的制度安排，能够制定一套可靠的制度、规则以及执行程序，保证分配有序进行，保证在人与人之间利益存在差异和分化的前提下，公民之间能够友善相处、各得其所、互惠互利。"⑥

社会主义民主是友善价值观的政治基础，与资产阶级民主不同，它是建立在生产资料公有制基础上的民主，是对资产阶级民主的超越，是一种崭新的社会民主形态，是人类历史上最广泛和最高类型的民主。社会主义民主的本质是人民当家做主，是绝大多数人的民主。在社会主义民主制度下，人民享有广泛而真实的权利，享受管理国家、社会的权利，人民群众可以通过人民代表大会等途径实现和保障自己的权益。社会主义民主为友善价值观提供了良好的政治基础，只有在社会主义民主的条件下，人民群众才有真实有效地表达意见和利益诉求的渠道，人民群众的利益才可以得到真实的保障，人民之间的友善才能成为可能。

巩固友善的政治基础必须要巩固人民民主专政制度，通过对人民代表大会制度、中国共产党领导的多党合作和政治协商制度、民族区域自治制度、基层民主选举制度、“一国两制”制度等制度的完善和巩固来完善人民民主专政的实现形式，保障和实现人民群众的正当利益诉求。在巩固人民民主专政制度的过程中，特别要注意基层民主制度的建设，注重发扬社会主义基层民主。基层民主与人民群众联系最为紧密，是人民群众利益诉求表达的主渠道，是人民民主最广泛的形式和社会主义民主最为广泛的实践。巩固友善的政治基础必须建立健全的基层民主制度，如在企业普遍建立的职工代表大会，城镇的居民委员会、农村的村民委员会等城乡基层群众性自治组织等等，让每一位群众都享受到当家做主的权利，享受到公平和正义，从根本上保障和推动友善价值观的培育和践行。

（三）夯实友善的物质基础

人与人、人与社会、人与自然之间关系的核心是利益的调整，在影响人们利益的因素中，经济利益又占据着主导地位，当前很多不友善行为的出现及很多社会冲突、社会矛盾的产生都是由于经济利益因素引起的。经济矛盾的尖锐加剧了人与人之间的紧张关系，甚至可能引发部分人对他人的敌意和对社会的仇视。“仓廪实而知礼节，衣食足而知荣辱”，因此，必须要注重社会群体多元化利益的实现，构建友善的共同利益基础，重视人民群众的不同利益需求。只有保障人民群众的经济利益和物质需求的实现与满足，人与人、人与社会、人与自然之间的友善关系才能够得以建立和巩固。

夯实友善的物质基础，首先要保障经济的稳定有序发展，将国民经济的蛋糕做强做大，不断提升生产力水平和人民群众物质生活水平，不断满足人民群众日益增长的物质文化需要，保障人民群众享受更多改革开放的红利和发展成果，让人民群众在改革发展中有更多的获得感。其次要加大经济领域的改革，协调各方面的利益关系，建立合理的分配制度。过大的贫富差距会加大社会关系的紧张程度，会影响社会的稳定和谐，国家要加大经济领域的改革，通过改革带动经济的转型和经济利益分配体制的优化，有效利用国家的宏观调控和国民收入的再分配，改变城乡二元结构，完善收入分配制度，缩小收入分配差距，实现人民群众对收入分配的基本期望，保障人民群众的基本利益，避免经济上产生两极分化。再次要对社会特殊群体进行帮扶，通过变输血为造血的方式，进行精准扶贫，维护社会的和谐稳定，促进人际关系和人与社会关系之间的友善。

（四）完善友善的道德回报机制

完善友善的道德回报机制不仅是我国友善建设的成功经验，而且是培育和践行友善价值观念的必然要求。过去几十年我国在友善建设中取得的成果和经验证明了完善友善的道德回报机制的可行性和必要性。完善友善的道德回报机制也有助于激励道德实践主体的道德意愿，给予道德实践主体实践友善价值观的动力，有助于道德实践主体养成乐于助人、友善待人的习惯。道德回报是给有道德的人或者实践友善行为的人的奖励或肯定，是对道德实践主体道德行为的认可，以及对其道德品质的尊重，道德回报机制的建立能够激发行善者的内在动力，促使行善者养成乐于助人的行为习惯。道德回报机制不仅可以对道德实践主体产生激励的作用，而且能对一些道德旁观者和道德冷漠者产生榜样示范作用，带动更多人积极培育和践行友善的价值观。

完善友善的道德回报机制首先要建立具体的、明确的评价机制和奖励机制，采用制度化的方式对各类有道德的行为进行奖励，如对见义勇为等重大善举进行制度上的规定，将道德奖励落到实处。其次，要采用人民群众喜闻乐见的形式，借助各类新闻媒体的力量，树立一批待人友善、乐于行善的模范榜样，充分发挥模范榜样的激励引导作用，如中国好人榜评选、“感动中国”十大人物评选等等，对道德实践主体进行精神上的奖励和表彰，进而在全社会营造一种崇尚友善、乐于行善的社会氛围，引导更多人成为友善价值观的践行主体。再次，要加大对不友善行为的曝光和批判，用正确的社会舆论引导广大人民群众的价值观，影响人民群众对不友善行为的价值评价，进而减少不友善行为。通过道德回报机制的建立和完善，引导人们形成友善行为的积极评价，唤醒人民群众内在的友善意愿，让友善的价值观念和行为成为人民群众的一种习惯，从而将友善价值观的培育和践行落到实处。

注释

①黄明理，主编. 社会主义核心价值观研究论丛·友善篇[M]. 南京：江苏人民出版社，2015：12.

②邓小平. 邓小平文选：第2卷[M]. 北京：人民出版社，1994：367.

③闫孟伟. “道德危机”及其社会根源[J]. 道德与文明. 2006，2(45).

④刘善仕. 精神共同体的建构及其伦理意义[J]. 广东社会科学. 1998，2(50).

⑤培育和践行社会主义核心价值观党员干部读本[M]. 北京:红旗出版社,2014:17.

⑥黄明理,主编. 社会主义核心价值观研究论丛·友善篇[M]. 南京:江苏人民出版社,2015:263.

第五章 培育践行爱国、敬业、诚信、友善价值观 凝聚中国梦实现的伟大力量

伟大的事业需要伟大的精神，伟大的精神托举伟大的梦想。社会主义核心价值观中个人层面要求的爱国、敬业、诚信、友善内在体现着中华民族深厚悠久的历史文化传统，是中华儿女的传统精神自觉在新的历史条件下的延续，是中国特色社会主义社会公民最基本的价值遵循。在实现中国梦的壮阔航程中，爱国、敬业、诚信、友善始终是中国人民的鲜明特质，是奋进中国的强大动力。

一、在全社会培育践行爱国、敬业、诚信、友善价值观

中华民族伟大复兴中国梦的实现，必须要在全社会范围内凝聚中国梦实现的伟大力量，必须要通过推进地方精神凝练、加强良好家风建设、弘扬校训精神和企业文化等

方式，在全社会范围内培育和践行爱国、敬业、诚信、友善价值观。

（一）推进地方精神的凝练

爱国、敬业、诚信、友善是为人之本、社会之基、兴国之魂，是地方精神的指路路标和基本遵循，要以地方精神作为宣传、推广、践行的重要载体。公民层面的社会主义核心价值观在各个城市和地方纷纷提出反映自身特质的地方精神，如北京精神——爱国、创新、包容、厚德；上海精神——海纳百川、追求卓越、开明睿智、大气谦和；江苏精神——创业创新创优、争先领先率先；杭州城市精神——精致、和谐、大气、开放；新疆精神——爱国爱疆、团结奉献、勤劳互助、开放进取；福建精神——爱国爱乡、海纳百川、乐善好施、敢拼会赢；重庆精神——重山重水、重情重义；武汉精神——敢为人先、追求卓越等。

如何让城市精神落地生根，带来凝聚力和向心力？传承和创新是延续地方精神血脉，落实社会主义核心价值观的重要保证。不同省区市，甚至同一省份不同城市的历史文化传统、经济发展水平、社会群体心理、风俗习惯不同，这决定了地方精神不可能简单复制，也不可能完全雷同。因此，地方精神的培育，要以社会主义核心价值观为指导，要充分考量地域特色、历史传统和地方文化，量身定制。

要深入研究地方的文化内核，不断赋予地方精神以新内核，使社会主义核心价值观与本地文化传统、群众的情感结合，使之接地气并落地生根。

（二）加强部门精神的融合

社会主义核心价值观部门化表现在一些党政部门围绕自身使命确立自己的核心价值观，如军人核心价值观——忠诚于党、热爱人民、报效国家、献身使命、崇尚荣誉；政法系统核心价值观——忠诚、为民、公正、廉洁；水利系统核心价值观——献身、负责、求实；海关系统核心价值观——爱国、厚德、增信、创新等。社会主义核心价值观行业化表现在各行各业围绕自身职业确立自己的职业精神，如医生的核心价值观——救死扶伤、爱岗敬业；教师的核心价值观——为人师表、言传身教；记者的核心价值观——实事求是、直面现实；法官的核心价值观——公平公正、维护正义，等等。

社会主义核心价值观区域化、部门化、行业化的大量实践说明了社会主义核心价值观具体化的趋势和必要。社会主义核心价值观虽然是国家层面的价值取向，但并不排斥在社会主义核心价值观指导下建设和倡导各领域的具体价值观。由于各区域、各部门、各行业一般都具有自己的特点和要求，所以，社会主义核心价值观的具体化不仅不会消解其自身，反而可以使它在各个领域得到深化和落实。

（三）大力加强新时期良好家风建设

孟子曰："天下之本在国，国之本在家。"家庭是社会文明教养、德行培育和文化传承的起点，更是培育践行社会主义核心价值观的始发地。家风凝聚着中国家庭生活的传统与现代风貌，呈现出中华民族厚重的家庭文化积淀、价值取向和生活智慧，汇集了中华民族传统与现代家庭价值观的精华，是普通中国家庭的"传家宝"。习近平总书记在2016年12月12日召开的第一届全国文明家庭表彰大会上指出："尊老爱幼、妻贤夫安，母慈子孝、兄友弟恭，耕读传家、勤俭持家，知书达理、遵纪守法，家和万事兴等中华民族传统家庭美德，铭记在中国人的心灵中，融入中国人的血脉中，是支撑中华民族生生不息、薪火相传的重要精神力量，是家庭文明建设的宝贵精神财富。""家风好，就能家道兴盛、和顺美满；家风差，难免殃及子孙、贻害社会，正所谓'积善之家，必有余庆；积不善之家，必有余殃'。"祖辈们心口相传的家训家风，寄托着普通中国人的家国情怀。一辈做给一辈看，一代讲给一代听，在言传身教中，我们才懂得了忠孝礼义廉耻，懂得了勤劳土生金、节俭五谷登，明白了清清白白做人、实实在在做事、谦和有礼待人,明白了爱家更要爱国。相反,一个从小以自我为中心的人无法理解“爱国”,一个拈轻怕重爱占便宜的人无法做到“敬业”,一个从小听惯父母谎言的人无法践行“诚信”,一个被教育“老人倒了不要扶”的人无法体会“友善”。我们弘扬社会主义核心价值观的重要抓手之一就是重塑家风。

家风是践行社会主义核心价值观的重要道德基础。家风和社会主义核心价值观都深深植根于中华优秀传统文化之中,深刻反映了中国人的价值标准和价值追求。首先,家风为践行社会主义核心价值观奠定了道德人格基础。家风通过家庭日积月累的日常生活实践,以口头说教、言传身教的形式促进人们道德规范的形成,完善道德人格的培养。其次,家风强化社会主义核心价值观的价值认同。家风是几千年价值文明的延续和传承,与社会主义核心价值观的价值追求高度吻合。社会主义核心价值观是对家风的简洁凝练的表达。家风来自于每个家庭,其中蕴含的反映社会主义核心价值观的优秀价值品质,如和睦邻里、勤劳质朴、忠孝仁爱、团结互助、诚实守信等具有强烈的感召力和感染力,更易于人们接受和认可。最后,家风连通了社会主义核心价值观与中华民族传统美德的价值血脉。家风从中华民族传统文化中来,植根于深厚的中华传统美德,而家风又集中体现了社会主义核心价值观的要求，通过家风这一生动、具体、鲜活的形式，将社会主义核心价值观与中华传统美德有机结合在一起。因此，通过大力弘扬家风能够有效推进社会主义核心价值观教育活动的实现。

大力加强新时期良好家风建设。习近平总书记在2015 年春节团拜会上指出：“不论时代发生多大变化，不论生活格局发生多大变化，我们都要重视家庭建设，注重家庭、注重家教、注重家风。”倡导良好家风，引导公众在知行合一上下功夫，慎独、慎初、慎微，内化于心、外化于行。服民以道德，渐民以教化。培育良好家风，有利于在全社会形成重视家庭、家教、家风的共识，推动社会主义核心价值观落地生根。应深入研究并做好传统家风的现代转化，弘扬传统家风中的优良风尚，摒弃其不合时代要求的内容，深挖和阐发讲仁爱、重民本、守诚信、崇正义、尚和合、求大同的时代价值，让更多的人成为良好家风的受益者、践行者和建设者。同时，广泛开展写家训、晒家规、育家风等活动，发挥新闻媒体特别是微博、微信等新媒体传播力强、受众面广的优势，大力宣传良好家风；加大媒体对家庭道德失范现象的监督和批评力度，形成褒扬新风、贬斥不良行为的良好社会风气。拓展良好家风建设的载体，以“弘扬中华美德，传承良好家风”为主题，开展形式多样的主题活动，让良好家风在每个家庭成员心中生根发芽。

（四）弘扬校园文化

文化之于大学，如精神、品格之于人类。2016 年 12 月，习近平总书记在全国高校思想政治工作会议上强调：“要坚持不懈培育和弘扬社会主义核心价值观，引导广大师生做社会主义核心价值观的坚定信仰者、积极传播者、模范践行者。”作为社会主义先进文化重要组成部分的校园文化，不仅是先进文化的重要源头、创新基地，更发挥着示范区和辐射源的功能。春风化雨，润物无声。优秀的校园文化在潜移默化中润泽学生的心灵，影响学生的思想观念、成才追求和道德规范。

校园文化建设的核心和主题应该关注校训精神的培养和弘扬。校训是校园文化和价值取向的一个缩影，是校园文化的载体。校训具有巨大的号召力，它对于师生陶冶情操、砥砺德行、磨炼意志、塑造自我具有重要作用，在某种意义上说，校园的魅力就来自于学校的校园精神。校训精神应该体现在校园文化建设的每个角落，校园建设布局、规章制度制定、办学目标确立都应清晰地折射出校训精神，使校园文化每一处都体现校训精神。

每所学校的校训中都蕴含着中华优秀传统文化或时代精神，弘扬校训是践行社会主义核心价值观的有效手段，因此，要将弘扬校训精神和培育社会主义核心价值观相结合，以其作为推进社会主义核心价值观教育的重要途径。社会主义核心价值观，其目的和根本是立德树人，校训亦是如此。校训具有凝聚力、渗透力和同化力。在校园文化建设中，反映校园精神的校训成为规范师生行为、摆正价值追求、凝聚全校师生的有效手段。因此，必须通过校训培育这一生动载体，在学校中推进社会主义核心价值观教育。同时，在积极培育和践行社会主义核心价值观，实现中华民族伟大复兴的要求下，高校也要逐步形成和丰富特有的大学文化，不断提升校训的内涵。可以说，校训传承着中华优秀传统文化，蕴含着社会发展进步的时代要求，是在学校培育和践行社会主义核心价值观的重要切入点。

（五）发扬企业文化

价值观是企业文化的核心，企业文化蕴含的价值观是一个企业的灵魂，它在企业创建品牌、树立声誉的过程中起着导向作用。“爱国、敬业、诚信、友善”是企业共同追求的价值取向，更是企业树立形象、展现品牌的价值坐标。经济全球化速度日益加快的背景下，各大企业之间的激烈竞争更多地表现为企业文化软实力的竞争。长期占据龙头位置的企业，一定是企业文化过硬的世界知名企业。他们通过优质的产品和服务打开世界市场，对外传播和渗透价值观,提高企业影响力和品牌的竞争力,同时,获得巨大的经济效益和社会效益。然而,我国许多企业在文化建设上还存在许多问题,有的不重视企业文化建设,没有将其上升到战略高度的位置来筹划;有的企业文化缺乏内涵,没有特色,难以得到认可;有的企业文化脱离自身的产品和服务,无法有效融合;更多的企业文化影响力和传播力都略显不足,等等。

企业文化是一个企业"无形的手",将企业全部力量团结在一起,形成企业的核心竞争力,是企业持续发展的重要推动力。培育优良的企业文化是关乎企业发展全局和长远利益的重大战略任务。每个企业都应将全面提升自身文化建设作为企业发展的关键,努力打造过硬的企业文化软实力,进而全面推进企业的凝聚力、创造力、竞争力和影响力。中国航空工业集团公司的企业精神是"航空报国,强军富民""敬业诚信,创新超越"。北京同仁堂(集团)有限责任公司的企业精神是"以诚取信,以信取胜"。企业只有把社会主义核心价值观作为企业文化的价值追求,并融入企业生产经营的全过程,培育企业文化、引领企业方向、规范职业道德、凝聚发展共识,推动社会主义核心价值观建设落实落细,才能实现企业的改革目标和发展目标,才能使"爱国、敬业、诚信、友善"的价值观融入员工的生产生活和精神世界,激励员工为提高企业的竞争力和影响力而辛勤工作。同时,保证企业文化建设符合和适应时代的要求,沿着正确的方向保持企业文化的先进性,才能使企业文化成为企业广大职工的自觉实践,才能最大限度地集聚企业发展的正能量,才会形成“众人划桨开大船”的良性发展局面。

二、培育践行爱国、敬业、诚信、友善价值观的科学途径

习近平总书记指出,广大青年树立和培育社会主义核心价值观,就要在勤学、修德、明辨、笃实上下功夫。[①]勤学、修德、明辨、笃实,逻辑严谨,层层递进,既是社会主义核心价值观的培育规律,也是青年学生的成长规律,更是培养和践行社会主义核心价值观的正确路径。

(一)养成“勤学”的生活方式

习近平同志曾提出:“人格力量的形成很重要的途径是读书学习。”通过读书学习治心养性,增强严以修身、廉洁修身的力量,提升精神境界,健康生活情趣,防止思想庸俗化。知识是树立社会主义核心价值观的重要基础。《论语》开篇即论:“学而时习之,不亦说乎。”学习是个人进步之基,社会发展之根,国家强大之阶,民族振兴之源。腹有

诗书气自华，只有不断学习，不断实践，不断进步，才能获得真知，才能提升境界，才能转变作风，才能真正将社会主义核心价值观内化于心、外化于行。当今时代，生活和工作节奏日益加快，新媒体迅猛发展，人们心态浮躁多变，学习的途径和方式多种多样，这使得人们往往忽视书本学习的重要性，更愿意通过网络获取知识。网络获取知识虽然方便，但是这种阅读和学习方式是浅薄化、碎片化、散乱化的。而学习应该是全面的、系统的、有深度的，在学习中，培养良好的学习习惯，培育钻研探索的学习精神，养成良好的学习态度。抓住重点、拓宽领域；既重视学习理论知识，又强调实践体验；既学习人民群众实践的经验，又学习专家总结的规律，更学习国外取得的成果，将学习培养为日常生活的习惯。

在学习的过程中，结合现在的实际和工作，进行深刻的思考，掌握精髓，有所启发，有所发现，而不是寻章摘句，食古不化，食洋不化。学习不是为了装点门面，学习的目的全在于运用，一方面，把读书学习所得用于实际工作，提高运用理论解决实际问题的能力，不断拓宽工作思路；另一方面，把读书学习同自身修养结合起来，紧密联系自己的思想实际，自觉加强思想道德修养。通过学习，充实头脑、丰富心灵、强化精神脊梁，进一步增强理论自信、道路自信、制度自信、文化自信。

（二）培养“修德”的人生追求

中国古人崇尚修德，把修德放在做人做事的首位。“德者，才之帅也”“德者，国之基也”。道德是做人最基本的行为准则和规范。习近平总书记指出，“做人做事第一位的是崇德修身”，“一个人只有明大德、守公德、严私德，其才方能用得其所”[②]。也就是说，如果没有道德自律和道德操守，人将失去人之为人最珍贵的一面。我们每一个人时时刻刻都要把提高品德修养作为一种自觉的追求。

要以学修德。要把学习作为终身追求，把读书当作最大的人生乐趣，做到毕生学习，用科学理论和文化知识净化灵魂、陶冶情操，不断提升道德境界。要以行修德。努力培养全体人民心中有“大德”，使个人奋斗既实现个人价值，又为实现中国梦添砖加瓦，完成人生“大我”；还要努力培养个人“小德”，勿以善小而不为，在日常工作、学习和生活中遵守公德、传承美德、修养品德，实现人生“小我”。要以律修德。要用道德规范严格要求自己，珍重自己的人格，珍爱自己的声誉，珍惜自己的形象。做到见贤思齐，见不贤而内自省。要慎独、慎微，无论身处何地，无论是否有监督，都能做到严于律己，严守公德秩序，彰显自身品德修养。

（三）拥有"明辨"的生存智慧

习近平总书记指出："是非明，方向清，路子正，人们付出的辛劳才能结出果实。"[③]在经济转轨、社会转型、技术升级、观念转变的今天，一方面，国家、社会和个人呈现出前所未有的活力，激发出正能量的主流；另一方面，社会特别是网络等媒体也释放出各种"噪声""杂音"，让人无所适从、心生迷茫。不同声音、不同论调、不同主张，"乱花渐欲迷人眼"，有真的、有假的、有半真半假的，"不识庐山真面目"。如何在大是大非面前站稳立场，保持清醒，保持定力，就显得尤为重要。我们必须客观地面对西方发达资本主义国家的现状和未来，看到其自身存在的不可调和的矛盾；客观地看清当今中国所处的时代方位和发展阶段，看清只有中国共产党才能引领中国走向未来，只有中国特色社会主义才能发展中国，才是当前的"人间正道"。

我们必须坚持理论自信、制度自信和道路自信，集聚向善向上的力量，弘扬真善美等正能量，去除假恶丑等负能量；必须坚持历史唯物主义和辩证唯物主义，清除个人主义、消费主义、拜金主义、利己主义、享乐主义思想。我们必须坚信，只有坚定理想信念，认清发展大势，树立健康态度，才能认清是非、分清正误、明晰主次，才能使自己的人生变得充实，从而为祖国和人民做出应有的贡献。

（四）坚定“笃实”的人生信条

“纸上得来终觉浅，绝知此事要躬行。”价值观的培养是一个复杂、长期的过程，是一个逐步积淀、逐步深化、逐步形成、逐步内化的过程。习近平总书记在北京大学考察时强调，“青年的价值取向决定了未来整个社会的价值取向，而青年又处在价值观形成和确立的时期，抓好这一时期的价值观养成十分重要。这就像穿衣服扣扣子一样，如果第一粒扣子扣错了，剩余的扣子都会扣错。人生的扣子从一开始就要扣好”。“要迈稳步子、夯实根基、久久为功”，要“坚韧不拔、百折不挠”。学以致用、知行合一，是中华民族的优秀品格。培育践行社会主义核心价值观，归根结底是一个实践问题，把所学的道理转化为个人良好的品格和行为，转化为实在的事业和功绩，转化为一种良好习惯来养成。

价值观看不见、摸不着，更需要“心”“口”“手”的一致和协调。1943 年 3 月 18 日，是周恩来农历 45 岁生日。这天，南方局的同事们为他准备了茶点祝寿，但他并未出席，而是在办公室写下了一份《我的修养要则》，以明心志：一、加紧学习，抓住中心，宁精勿杂，宁专勿多。二、努力工作，要有计划，有重点，有条理。三、习作合一，要注意时间、空间和条件，使之配合适当，要注意检讨和整理，要有发现和创造。四、要与自己的他人的一切不正确的思想意识作原则上坚决的斗争。五、适当地发扬自己的长处，具体地纠正自己的短处。六、永远不与群众隔离，向群众学习，并帮助他们。过集体生活，注意调研，遵守纪律。七、健全自己的身体，保持合理的规律生活，这是自我修养的物质基础。他手书全文，放在案头，用来勉励自己。陈毅则把提高自己修养的座右铭“满招损，谦受益。莫伸手，终日乾乾，自强不息”镌刻在砚台上，警戒自己时刻注意。为此，要引导公民立足实际，埋头苦干，坚守“事业为重”的敬业精神，把小事当大事干，一步一个脚印往前走，在爱岗敬业、点滴积累中履职尽责、施展才华，实现人生价值。引导全体公民牢记“勿以善小而不为，勿以恶小而为之”的人生信条，从自己做起、从小事做起，严于律己，自觉遵守社会公德，自觉维护社会秩序，做符合时代要求，充满爱心和责任心的新时代好公民。

三、培育践行爱国、敬业、诚信、友善价值观的关键着力点

培育践行社会主义核心价值观见实效，实现入脑、入心、践行、成风，必须真抓实干、坚持不懈、攻坚克难，将培育践行工作做细做实做精，长期不懈推进，在强化宣传教

育、贯穿结合融入、树立先进典型、加强舆论引导、坚持“软约束”与“硬约束”相结合等几个关键着力点上下功夫，促进社会主义核心价值观培育和践行的常态化。

（一）在强化宣传教育上下功夫

引导形成正确舆论导向，在日常形势宣传、成就宣传、主体宣传、典型宣传、热点宣传和舆论监督中贯穿社会主义核心价值观，塑造积极向上传播社会正能量的舆论氛围。采取新闻报道、转载评论、节目访谈、专题研讨等多种形式，通过重大节日，如“五四”“六一”“七一”“十一”和重大纪念日，如“七七事变”“九一八”等等，结合中国特色社会主义理论学习，深入持久地传播社会主义核心价值观。以“爱国、敬业、诚信、友善”为主要内容，适应分众化特点，多联系群众身边事例，多运用大众化语言，用人民群众喜闻乐见的形式表现社会主义核心价值观在国家、社会、个人三个层面12个词的具体内容、内涵和实践要求，引导人们自觉培育和践行社会主义核心价值观。

邀请广大群众熟知的各类专家学者、基层干部和各界知名人士作为讲坛嘉宾，走进学校、社区、军营、企业等各类基层单位，结合自身的工作生活实际，与基层群众面对面交流、心贴心互动，促进社会主义核心价值观在基层落地生根、开花结果。发挥各级各类媒体特别是各级党报的联动优势，在重要时间节点，配合重大活动同步推出“图说我们的价值观”作品，营造浓厚氛围。继续在各地城市的市区街道、机场、车站、码头、公园、广场、繁华商业区等公共场所开展“图说我们的价值观”户外宣传。

社会主义核心价值观的培育是一个潜移默化、润物无声的过程，关键是要把社会主义核心价值观与人们的日常生活紧密联系起来，从细微之处着手，在落实上下功夫。针对当代公民的特点，深化网络文化行动，善于运用网言网语，刊播一批导向鲜明、内涵新颖、引人向上，具有较强传播力、感染力的视频和平面公益广告，活泼生动地诠释传播社会主义核心价值观，使广大干部群众将社会主义核心价值观内容铭记于心，并结合各自的工作实际赋予具体化的行动，使各项工作取得新的成效，推动社会主义核心价值观内化于心、外化于行，达到内强素质、外树形象的目的。

（二）在贯穿结合融入上下功夫

宋代学者朱熹说过：“为学之实，故在践履。”知行合一，贵在行动。培育和践行社会主义核心价值观，必须融入实际工作、融入平常生活，让人们在实践中感知它、领悟它、接受它，并体现在我们的行动上。在国民教育、精神文明建设、民族团结宣传教育和党的建设之中融入社会主义核心价值体系的宣传教育，并使之贯穿于各行各业的实际工作之中，贯穿于社会生活的各个领域。通过教育培养、舆论引导、文化宣讲、实践养成、制度保障等，将社会主义核心价值观内化为人们的精神追求，外化为人们的自觉行动，提升全社会的道德素质水平。

"非知之难，行之惟难。"社会主义核心价值观建设，要防止凌空蹈虚、脱离实际。社会主义核心价值观建设只有切实融入社会生活，在实际生活中感受它的力量和功效，才能真正发挥作用，要与人们日常生活和实际工作紧密联系起来，否则就容易出现活动和实际各唱各调、互不相干的脱节现象。为此，要深入挖掘身边的草根英雄、平凡好人，让广大群众作为践行社会主义核心价值观的主体，做善事、做好事、做好人、树新风。结合学习焦裕禄、杨善洲等典型模范，向当地涌现出来的先进干部学习，要求广大党员、干部发挥先锋模范的作用，主动带头学习和践行社会主义核心价值观，做到言行一致、身正为范，成为践行社会主义核心价值观的优秀代表，以此影响群众、感染群众、带动群众，在全社会形成学习和践行社会主义核心价值观的良好风气。

（三）在树立先进典型上下功夫

榜样的力量是无穷的。2013 年 9 月 26 日，中共中央总书记、国家主席、中央军委主席习近平在北京会见第四

图为甘祖昌将军回到家乡江西省莲花县当农民时的情景

届全国道德模范及提名奖获得者。当总书记看到老将军甘祖昌的夫人龚全珍时，他饱含深情地说，自己心里有一阵阵的感动。习近平总书记对在场的300多位与会者介绍，甘祖昌是我们共和国的开国将军，江西籍的老红军。新中国成立后，他当时是将军，但是他坚持回家当农民。我在当小学生时就读过甘祖昌将军当农民的课文，深受影响。半个多世纪已经过去，看到龚老现在仍然弘扬着这种精神，并且她又当选为全国道德模范，我感到很欣慰，并向龚老前辈致敬。习近平总书记强调，我们要弘扬这种艰苦奋斗的精神，不仅我们这代人要传承，我们的下一代也要弘扬，要一代一代传承下去。

社会主义核心价值观在人们头脑中确立需要一个过程。自觉践行社会主义核心价值观，需要不断学、深入学、持久学，从灵魂深处确立对社会主义核心价值观的自觉和自信。全社会各领域涌现许多先进人物、先进事迹、道德模范、最美人物等，他们具有强大的影响力和感召力，是践行社会主义核心价值观的生动而又具体的表现。要深入开展学雷锋志愿服务活动以及孝敬教育、诚信教育、勤劳节俭教育，广泛开展全国劳动模范和先进工作者、道德模范等表彰活动，为公民树立可亲可信可学的榜样。同时广泛开展学习先进典型活动，在全社会形成见贤思齐、崇德向善的浓厚氛围，引领带动更多公民见贤思齐、向上向善，自觉践行社会主义核心价值观，像道德模范那样对待社会、对待他人、对待自己，把良好的道德情操体现到日常工作和生活之中。

（四）在加强舆论引导上做文章

舆论对养成良好社会风气至关重要，可以成功调动社会各阶层的活力。当然，积极正确的舆论可以养成健康向上的社会氛围，伸张正义，追求平等，促进团结，引导人们采取积极健康的生活方式。反之，消极错误的舆论带给社会的只是负面的影响。坚持社会主义核心价值观就是要引导形成积极向上的社会舆论氛围，激发社会活力。因此，要充分发挥广播、电视、报纸等传统媒体的作用，特别要重视互联网、手机网络等新媒体的作用。坚决同各种错误价值观进行斗争，倡导社会主义核心价值观。就当下而言，互联网已经成为社会舆论的主战场。据统计，目前我国有7.1亿网民，手机网民6.56亿人，微博用户2.4亿多人。利用互联网和新媒体，全方位、个性化、多角度地推行社会主义核心价值观，更容易为广大受众所接受。通过形象、生动、直观的图片、视频、动漫来传播优秀道德思想和高尚价值观念，寓教于乐、声情并茂、情景交融，受众在观赏娱乐中潜移默化，将社会主义核心价值观内化为精神追求、外化为自觉行动，自觉成为社会主义核心价值观的传播者、践行者和坚守者。

（五）在坚持“软约束”与“硬约束”上发力

王阳明说过：“知者行之始，行者知之成。”培育和践行社会主义核心价值观，根本是要认知认同，关键在于落实到实际行动。通过实践，其生命力和作用力得以彰显。社会主义核心价值观的生命在于实践，威力也藏于其中。因此，要坚持“软约束”与“硬约束”相结合，对违反爱国、敬业、诚信、友善的价值观进行惩戒。培育和践行社会主义核心价值观，加强道德建设，必须认真落实党的十八届四中全会精神，坚持“软约束”与“硬约束”相结合，与立法、执法结合起来，惩处各类失德行为。比如，一个人如果有逃票、逃税、不赡养老人等违反道德规范的行为，就将其列入个人诚信系统“黑名单”，让其在就业、贷款、乘坐公共交通工具等方面受到限制。通过这种“软”“硬”兼施、协调行动，形成合力，促进社会成员道德水平的提升。

辩证唯物主义早已阐明：事物内部的矛盾有主次之分，同一矛盾内部又有矛盾的主要方面和次要方面之分。践行社会主义核心价值观，要做到抓主要矛盾，牵牛要牵牛鼻子。党员干部就是践行社会主义核心价值观的“牛鼻子”。中共党员作为工人阶级的先锋队员，是标杆，是向导。干部作为党员中的先锋队员，更要在日常生活中发挥模范带头作用。听党指挥，跟党走，切实把社会主义核心价值观落到实处，以自身实际行动带动群众做到“四个认同”。

四、爱国、敬业、诚信、友善价值观为实现中国梦凝聚力量

中医认为，一个人只有固本培元，身体才能充满活力，保持强健。对一个民族、一个国家来讲，这个“本”、这个“元”，就是这个民族、这个国家的核心价值观。核心价值

观为人生加码，为社会增彩，为国家塑形。在此意义上，“爱国、敬业、诚信、友善”价值观是中国人民的鲜明特质，是实现梦想的价值导向，可以为实现中国梦凝聚力量。

（一）爱国、敬业、诚信、友善是中国人民的鲜明特质

爱国、敬业、诚信、友善是中华优秀传统文化的精华，也是中国人民的鲜明特质。在五千年的历史长河中，无论是在封建时代、半殖民地半封建时代，还是在今天的社会主义时代，爱国主义精神一直是中华民族自强不息、奋斗不止的根本动力。中华文明之所以成为世界上唯一没有中断的文明，就在于每每处于国家民族危亡之际，无数仁人志士挺身而出，抛头颅洒热血，既有南宋岳飞的“精忠报国”，也有清代林则徐的“苟利国家生死以，岂因祸福避趋之”，更有少年刘胡兰“生的伟大，死的光荣”。爱国，已经成为民族性格的最鲜明特征。爱国，不仅是国破家亡之际烈士的牺牲，更体现在和平时代里每一个人的敬业。《论语》中“君子务本，本立而道生”，不仅指出若要成为君子，必须要坚守根本之业，同时指出只有务本，才能悟“道”。君子如此，普通人更是如此。在中华传统文化中，敬业不仅是做好本职工作，也是事业成就和人生成就的根本途径。敬业是一种责任，也是一种担当。在敬业中，自我的价值才能得到更充分地展现，同时也是对家庭、对社会、对

国家最根本的负责。“春蚕到死丝方尽，蜡炬成灰泪始干”，是对中国人敬业精神最好的写照。正是由于敬业，中国人在古代创造了举世瞩目的辉煌成就。敬业是对工作和事业的尊敬，而诚信是对自己和他人的尊敬。中华优秀传统文化里关于诚信的故事比比皆是，忠义诚信是衡量一个人品质的重要标准。诚信是人际交往的一个重要准则，友善既是人际交往的准则，也是人际交往达到的和谐境界。在中华传统文化观里，友善不仅是人与人的和谐关系，也是人与自然、人与万物的和谐关系。

中华优秀传统文化中内含着爱国、敬业、诚信、友善的品质，今天，我们仍然要继续坚守传承这些优秀的品质。因为它们既是时代价值的体现，也是传统文化的创造性转化和创新性发展。作为个人层面的价值观，它们既是社会主义核心价值观的基础，也是社会主义国家公民应具备的基本价值观。这里的国家不再是封建王朝和剥削阶级，而是人民的国家，这里的敬业是对国家和人民的忠诚，这里的诚信是人与人之间的平等和谐，这里的友善不是一种伪善，而是一种真正对人的尊敬和善待。爱国、敬业、诚信、友善既是中华优秀传统文化，也是社会主义先进文化，更是中国精神的具体展现。2015 年 12 月 30 日，中共中央政治局第二十九次集体学习中，习近平总书记强调，伟大的事业需要伟大的精神。实现中华民族伟大复兴的中国梦，是当代中国爱国主义的鲜明主题。在实现中国梦的伟大征程中,需要伟大的中国精神。爱国主义精神是中国梦之魂,实现中华民族的伟大复兴是一百多年来中国人最根本的奋斗目标,是爱国主义精神的具体实践。没有对国家最真挚的爱,没有对民族最深情的爱,就不会有中华民族伟大复兴的愿景。梦想的实现,需要脚踏实地,需要立足本职岗位,需要爱岗敬业,"两个一百年"奋斗目标的实现最终要依靠中国人民的辛勤劳动。敬业是实现中国梦之源。只有立足本源,只有尊敬我们的伟大事业,只有做好我们的本职工作,才能真正实现中国梦。梦想不能停留在心间,必须转化为实践,转化为劳动,转化为实实在在的工作,在爱岗敬业的劳动实践中实现我们每一个人的中国梦,这样国家的梦想才能最终实现。诚信是中国梦之本,没有诚信的社会,不是人民向往的社会,没有诚信的国家,不是真正强大的国家。中国梦的实现,需要社会诚信,需要人民诚信,诚信也是中国梦实现的题中应有之义和基本特征。人民幸福是中国梦的具体目标,一个没有友善的社会,人与人之间没有和谐的关系,是谈不上人民幸福的。友善是实现中国梦的根本要求,是人民素质提升的重要着力点。

公民是践行落实社会主义核心价值观的主体和关键,所以,个人层面的"爱国、敬业、诚信、友善"在社会主义核心价值观中处于基础地位。当然,国家层面、社会层面和个人层面在社会主义核心价值观中是内在统一、相互联系的有机整体。国家、社会、个人构成社会主义核心价值观的纵向逻辑,工作、学习、生活等构成横向逻辑,双向纵横交错构成完整丰满的立体结构。其中,个人层面的"爱国、敬业、诚信、友善"是培育践行社会主义核心价值观的立足点和基本点,它将国家层面的"富强、民主、文明、和谐"和社会层面的"自由、平等、公正、法治"与人们日常生活紧密联系起来,将社会主义核心价值观细化、具体化,慢慢地、一点点地融入日常生活,走进群众心中。只有将社会主义核心价值观个人层面的要求认真落实好、践行好,才能实现国家层面的要求,建成富强、民主、文明、和谐的国家;才能完成社会层面的要求,形成自由、平等、公正、法治的社会。

(二)爱国、敬业、诚信、友善是实现梦想的价值导向

1. 为人生赋值

公民是践行社会主义核心价值观的主体,因此,社会主义核心价值观个人层面的要求"爱国、敬业、诚信、友善"是社会主义核心价值观的基础。习近平总书记一再强调:"核心价值观,其实就是一种德,既是个人的德,也是一种大德,就是国家的德、社会的德。国无德不兴,人无德不

立。”[4]爱国、敬业、诚信、友善是中国传统价值观念的基本要求，是社会主义新型公民的基本精神和价值追求，覆盖了个人修养的各个方面，科学地回答了“人的现代化”问题，是我们应该恪守的价值准则，是我们应该追求的价值目标，是每一个合格公民都应具备的特质。

爱国、敬业、诚信、友善，关乎能否实现人生价值，更关乎能否生活幸福。培育和践行社会主义核心价值观，目标明确，针对性强，既能培育社会主义良好道德风尚，又能保障经济社会持续健康发展，更有利于人的全面发展。中华民族提倡的爱国、敬业、诚信、友善，是个人不可或缺的道德品质。以友善为例，我们强调“与人为善，善莫大焉”的友善精神，主张“躬自厚而薄责于人”的立身处世态度，倡导“出入相友，守望相助”的人际交往原则。这些思想和理念植根在国人的内心，潜移默化地影响着我们的思维方式和行为方式。培育和践行社会主义核心价值观，就是让每个公民，尤其是党员干部，守底线，知是非，明荣辱，能鲜明地意识到自己应该以什么样的言行做人做事，在工作、生活中，都要时刻注意自己的道德品行，日积月累，真正达到作为一个公民的基本道德标准。

“十年树木，百年树人。”构建精神家园比建设物质家园要难得多。物质生活的富裕，并没有相应地使精神生活丰富充实，反而使一些人变得空虚、迷茫。如今，精神生活两极分化变得十分严重。郭明义的浓浓大爱与郭美美的寡廉鲜耻，支教学生的牺牲奉献和“拜物女”的价值追求形成鲜明的对比。面对个人主义、消费主义、拜金主义、享乐主义的冲击，必须培育和践行社会主义核心价值观，培养和塑造公民的精神品格，让每个公民增强文化自信和自觉。自动、自主、自觉传承中华优秀传统文化和社会主义先进文化的核心、本质和精髓，不断壮大中华民族的国魂、族魄，使其兴旺发达、影响深远、薪火相传。

2. 为社会增彩

爱国、敬业、诚信、友善是公民应具备的条件，是做人处世起码的规矩，是社会主义核心价值观的最低层次，是社会道德文明的基础。一个民族的精神状态，取决于整体奉行的价值观。从公民核心价值观的践行情况，可以窥见公民的道德修养和文明程度。

“爱国、敬业、诚信、友善”是我国公民的价值准则，既是中华传统文化中的理想人格，也是当代经济社会发展对公民素质的基本要求。每一个朴实的词汇，都从内在与外在、有形与无形、具体和抽象、静态与动态等对立统一的维度，对个人在价值向度的言行上进行着具体的指导和规范。每个公民在社会生活中对“爱国、敬业、诚信、友善”的深刻把握与切实坚守，是社会主义核心价值观得到培育和践行的基础保证。在社会生活中，人们自觉用社会主义核心价值观来规范和约束自己的言行，是学习、生活、工作得以正常运行的保证。只有人人都自觉肩负起“爱国、敬业、诚信、友善”的责任，国家的繁荣强盛，社会主义事业的兴旺发达，社会的和谐稳定，人与人之间的友爱互助才能成为现实。

作为一种良好的品质，爱国、敬业、诚信、友善反映的是友好和谐、向上向善的社会价值取向，是扶正祛邪、激浊扬清的利剑，剑出邪去；是驱散道德迷雾、医治道德病痛的良药，药到病除。它具有三个基础功能：首先是社会功能，具有维护社会和谐稳定，保证社会发展与民族统一的重要作用。通过社会主义核心价值观的强大吸引力和感召力，团结人力，凝聚人心，形成强大的群众力量。弘扬社会主义核心价值观，在最广泛的基础上形成价值共识，调节利益矛盾，缓解思想差异，避免这些矛盾和差异激化，分裂社会造成思想对立和混乱，无法形成团结奋进的强大精神动能。其次，增进人际关系功能，是联结社会促进民众交往的信任基础。社会主义核心价值观体现着人民群众的本质利益，更是中国特色社会主义发展的内在要求，可以有效地规范人们行为，维护社会秩序，促进国家发展。再次，提升个人素质功能。可以有效涵养心灵，坚守道德高地，提升个体素质，促进个人身心健康成长。尽管我们觉得这八个字非常普遍，似乎常常能够听到，但上到国家稳定、民族团结，下到社会和谐、个体相处，它们都在发挥着不可替代的积极作用。可以说，爱国、敬业、诚信、友善不仅是中华民族的优秀人格品质，也是健康社会发展的基础。

3. 为梦想导航

国家、民族、社会、家庭，既是命运的共同体，也是责任的共同体。中国梦集中体现了中华民族和中国人民的整体利益。“爱国、敬业、诚信、友善”不是哪一个人的责任，不是少部分人的责任，而是每一个中国人的责任。作为一个中国人，首先应该热爱自己的祖国，一个没有爱国精神的民族是没有灵魂和希望的民族，一个没有爱国情怀的人是没有归属感和正义感的人。个人的前途命运总是与国家的前途命运息息相关，没有国家的安定团结和繁荣富强，个人的一切都无从谈起，爱国是民族自我认同的心理基础。每一个人都有一个自己的爱国梦，都有自己的爱国情怀。作为中国人，我们应该从当前伊拉克、利比亚、叙利亚、乌克兰等国家的动乱悲剧中吸取教训，只有祖国才是我们的依靠，把命运寄托在任何一个别的国家，都将是国家和个人的悲剧。积极践行社会主义核心价值观是实现中华民族伟大复兴中国梦的根本和前提。社会主义核心价值观的国家、社会、个人三个层面的价值取向体现了中国最基本、最核心的价值内涵。社会主义核心价值观为中国担当旗帜，引领方向；社会主义核心价值观是中流砥柱，撑起实现中国梦的脊梁;社会主义核心价值观是实现中国梦的桥梁和纽带,带来中国梦实现的希望。可以说,中国梦是社会主义核心价值观目标的具体、生动、形象的表达。在实现中国梦的历史进程中践行社会主义核心价值观,是我们共同的信念和追求,也需要全社会共同承担这一历史重任。这是诺言,也是境界!

历史上,中国共产党为实现中华民族伟大复兴的梦想,带领全国各族人民用中国道路、中国精神和中国力量,改变贫穷落后的国家面貌,获得举足轻重的国家地位,取得举世瞩目的建设成就。这些改变中国、影响世界的中国道路、中国精神、中国力量是如何形成的?关键在于其背后所蕴含的深厚、持久的富强、民主、文明、和谐、自由、平等、公正、法治、爱国、敬业、诚信、友善的核心价值目标。如果没有这些核心价值目标,一个民族、一个国家就会失去灵魂、失去根基、失去方向。今天,在建设中国特色社会主义的伟大旗帜下,需要实现中华民族伟大复兴的中国梦,就必须继续坚持中国道路、弘扬中国精神、凝聚中国力量,寻求反映全体人民共同追求和共同愿望的“最大公约数”。社会主义核心价值观就是这“最大公约数”之一。所以,培育和践行社会主义核心价值观关系着国家的前途命运,社会的发展稳定,人民的幸福安康。必须将培育践行社会主义核心价值观作为各项工作的重中之重,才能掌握国家发展建设的主动权，才能实现国家发展建设的各项目标，才能早日实现中华民族伟大复兴的中国梦。

爱国、敬业、诚信、友善是社会主义核心价值观对公民个人层面提出的要求，包含了社会主义公民道德行为要求的各个环节——社会公德、职业道德、家庭美德、个人品德等等，是公民基本道德规范的核心内容，也是党在新时代、新形势下对社会主义公民道德和价值理念的新发展和新要求。公民是培育和践行社会主义核心价值观的实践主体，要始终将爱国、敬业、诚信、友善作为公民个人的基本道德要求和行为规范，真正实现内化于心、外化于行，在实现中华民族伟大复兴中国梦的过程中充分发挥并展现我们的精神力量。

（三）爱国、敬业、诚信、友善为实现中国梦凝聚力量

2013 年中共中央办公厅印发《关于培育和践行社会主义核心价值观的意见》，对培育和践行社会主义核心价值观提出了指导意见，意见指出，社会主义核心价值观“与中国特色社会主义发展要求相契合，与中华优秀传统文化和人类文明优秀成果相承接，是我们党凝聚全党全社会价值共识作出的重要论断”，“对于巩固马克思主义在意识形态领域的指导地位、巩固全党全国人民团结奋斗的共同思想基础，对于促进人的全面发展、引领社会全面进步，对于

集聚全面建成小康社会、实现中华民族伟大复兴中国梦的强大正能量，具有重要现实意义和深远历史意义”。文件同时指出，“富强、民主、文明、和谐”价值观是国家层面的价值目标，“自由、平等、公正、法治”价值观是社会层面的价值取向，“爱国、敬业、诚信、友善”价值观是公民个人层面的价值准则，这样的划分既符合社会主义核心价值观的内在逻辑层次，也符合社会主义核心价值观的内容要求，有助于人民群众更好地理解社会主义核心价值观的各项内容，有利于形成全社会的思想共识、为实现中华民族伟大复兴中国梦打下基础。

爱国、敬业、诚信、友善构成了社会主义核心价值观的基本内容，是对公民个人层面的价值要求，这决定了人民群众是实现中国梦的主体，也是践行社会主义核心价值观的主体。爱国、敬业、诚信、友善等个人具体价值行为准则，关系到每一个人的具体行为规范，是人民群众最能够身体力行、最能够切身感受的价值行为准则。人民群众必须从爱国、敬业、诚信、友善这一个人层面的价值准则出发，从个体层面道德和价值要求出发，将“爱国、敬业、诚信、友善”内化为每个人的行为规范，进而将国家、社会、公民层面的价值要求融为一体，为中国梦的实现凝聚力量，为增强中国人民的道路自信、力量自信和制度自信提供精神基础和保障。

爱国是公民个体价值准则的基础，是民族精神的核心，是实现中国梦的精神动力，是中华民族的核心凝聚力，是每个公民的义务和责任。“爱国”价值观可以增强全国各族人民对社会主义中国的认同感，对中华民族的民族自豪感，特别是在全面建成小康社会的决胜阶段，中华民族伟大复兴的中国梦更是为新时期的爱国主义确定了价值坐标和努力方向，在爱国主义这一伟大旗帜下可以最大范围地带动全国各族人民为中华民族的复兴而奋斗，最大限度地凝聚中华民族复兴的伟大力量，为中华民族伟大复兴中国梦的实现提供保障。

敬业是公民最基本的职业精神，也是最根本的职业道德，是在工作中践行社会主义核心价值观最直接的表现。“敬业”是一种价值观念，一种精神层面的追求，同时也是一种具体的工作要求。“敬业”作为一种精神要求公民热爱自己从事的工作，愿意奉献；“敬业”作为一种具体的工作要求就意味着工作者要兢兢业业、尽职尽责，从小事做起，从平凡的事情做起，做好自己的工作。公民要将“敬业”的精神化作兢兢业业工作的动力。“敬业”为中国梦的实现不断积累着精神的能量和现实的力量，每一个公民都做到敬业，中国的发展和腾飞才有可能，每一个公民都忠于职守，国家才能健康有序发展。一个放飞伟大复兴梦想的民族，必然有无数个为梦想努力付出、不断坚守的人。

诚信是公民道德的基石,是个人的立身之本和必备的道德品格,是市场经济健康运行的重要保障,也是和谐社会建设的黏合剂和润滑剂。中华民族伟大复兴的中国梦不仅包含物质财富的增长,而且包括精神财富的累积;中华民族伟大复兴的中国梦不仅强调经济建设的重要性,而且是经济建设、政治建设、文化建设、社会建设、生态文明建设五位一体的系统工程。诚信不仅可以调节人与人之间的关系,创建和谐的人际关系氛围,增强人民群众的幸福感,而且可以调节社会主义市场经济中的经济秩序,维护社会主义经济的稳定运行,为和谐社会的建设提供支撑,更可以增强国家和政府的公信力,增强社会主义中国的权威,从根本上维护国家的长治久安。在此意义上,"诚信"不仅是公民道德的基础和根本,也是社会主义事业、中华民族伟大复兴大业得以成功的保证,是实现中国梦的道德基石。

友善是公民德行的阳光,是一种优良的道德品质,是人们交往的基本要求,是中华民族几千年来追求的价值目标。友善不仅仅是人与人相处的方式和态度,还是一种德行与品质,友善价值观的践行可以促进公民自身的发展,调节社会主义市场经济中的人际关系,调节人与自然的关系,消解社会中的一些矛盾,成为和谐社会构建的润滑剂。只有培育和践行友善价值观念,发扬友善的精神,才能促进经济社会的发展，才能进一步凝聚社会共识，使全国人民团结起来，形成一个全面共赴中国梦的和谐社会的“生态圈”，在此意义上，“友善是和谐社会建设和实现中国梦的重要目标追求”。

“知之愈明，则行之愈笃。”要想让爱国、敬业、诚信、友善的价值观念真正实现入脑、入心、践行、成风，只有每个人坚持从我做起，不断学、深入学、持久学，从身边小事做起，才能为中华民族伟大复兴的中国梦的实现积聚能量，贡献力量，将爱国、敬业、诚信、友善价值观融合统一于中国特色社会主义伟大实践之中，实现中华民族的中国梦。

注释

①习近平. 习近平谈治国理政[M]. 北京：外文出版社，2014：172.

②习近平. 习近平谈治国理政[M]. 北京：外文出版社，2014：173.

③习近平. 习近平谈治国理政[M]. 北京：外文出版社，2014：173.

④习近平. 习近平谈治国理政[M]. 北京：外文出版社，2014：168.

参考文献

1. 习近平. 习近平谈治国理政[M]. 北京:外文出版社,2014.

2. 习近平. 干在实处　走在前列——推进浙江新发展的思考与实践[M]. 北京:中共中央党校出版社,2013.

3. 习近平. 之江新语[M]. 杭州:浙江人民出版社,2007.

4. 习近平. 做焦裕禄式的县委书记[M]. 北京:中央文献出版社,2015.

5. 习近平. 知之深　爱之切[M]. 石家庄:河北人民出版社,2015.

6. 中共中央宣传部,编. 习近平总书记系列重要讲话读本[M]. 北京:学习出版社,人民出版社,2014.

7. 中共中央宣传部宣传教育局,编. 凝心聚力的导航——社会主义核心价值观评论员文章汇编[M]. 北京:学习出版社,2014.

8.《社会主义核心价值观培训教材》编写组,编.社会主义核心价值观培训教材[M].北京:新华出版社,2014.

9.新华出版社,编.践行社会主义核心价值观[M].北京:新华出版社,2014.

10.中共湖北省委宣传部,编.我们的价值观[M].武汉:湖北教育出版社,2015.

11.中共山东省委宣传部,编.我们的价值观[M].济南:山东人民出版社,2015.

12.邱吉,王易,王伟玮,编著.轨迹:当代中国青年价值观变迁研究[M].北京:人民出版社,2012.

13.宣兆凯.中国社会价值观现状及演变趋势[M].北京:人民出版社,2011.

14.袁贵仁.价值观的理论与实践:价值观若干问题的思考[M].北京:北京师范大学出版社,2013.

15.吴鲁平,刘涵慧,王静,等.后现代化理论视野下的青年价值观研究[M].北京:社会科学文献出版社,2013.

16.杨国枢.中国人的价值观:社会科学观点[M].北京:中国人民大学出版社,2013.

17.李松.中国一定能:用核心价值观托起未来[M].北京:新华出版社,2013.

18.罗国杰,主编.马克思主义价值观研究[M].北京:人民出版社,2013.

19. 廖小平. 价值观变迁与核心价值体系的解构和建构[M]. 北京:中国社会科学出版社,2013.

20. 季明. 核心价值观概论[M]. 北京:人民日报出版社,2013.

21. 马建辉. 伦理诉求:爱国 敬业 诚信 友善[M]. 合肥:安徽人民出版社,2013.

22. 何向东,邱竹,潘顺照,主编. 青年幸福的源泉:基于社会主义核心价值观的感悟[M]. 重庆:西南师范大学出版社,2014.

23. 戴木才,主编. 培育和践行社会主义核心价值观学习读本[M]. 北京:中共中央党校出版社,2014.

24. 周文华. 美国核心价值观建设及启示[M]. 北京:知识产权出版社,2014.

25. 刘佳. 多层聚合:社会主义核心价值观的理论来源研究[M]. 北京:冶金工业出版社,2014.

26. 郑珠仙. 国家意识形态安全与大学生社会主义核心价值观教育研究[M]. 北京:人民出版社,2014.

27. 韩丽颖. 当代大学生核心价值观研究[M]. 北京:人民出版社,2014.

28. 许俊,主编. 中国人的精气神:社会主义核心价值观国民读本[M]. 北京:人民出版社,2014.

29. 陈奇峰,主编. 格言说核心价值观[M]. 广州:广东人民出版社,2015.

30. 孙健,孙翔,雒季,编著. 从观念到践行:社会主义核心价值观如何深入大众[M]. 兰州:甘肃人民美术出版社,2015.

31. 崔志胜. 社会主义核心价值观基本问题研究[M]. 北京:中国社会科学出版社,2014.

32. 曲风,主编. 社会主义核心价值观学习读本[M]. 北京:国家行政学院出版社,2014.

33. 杨明,主编. 社会主义核心价值观研究丛书·敬业篇[M]. 南京:江苏人民出版社,2015.

34. 王小锡,主编. 社会主义核心价值观研究丛书·诚信篇[M]. 南京:江苏人民出版社,2015.

35. 戴木才,主编. 中国人的美德与核心价值观[M]. 北京:中国人民大学出版社,2015.

36. 温小勇,主编. 怡养涵育:培育社会主义核心价值观的传统理路[M]. 北京:中国社会科学出版社,2015.

37. 邱仁富. 社会主义核心价值观培育研究[M]. 上海:上海大学出版社,2015.

38. 夏建华. 传承与弘扬:新时期大学生社会主义核心价值观与思想政治教育创新[M]. 重庆:西南财经大学出版社,2015.

39. 黄进. 社会主义核心价值观的"内省"与"外化"

[M]. 南京:江苏人民出版社,2015.

40. 黄明理,主编. 社会主义核心价值观研究丛书·友善篇[M]. 南京:江苏人民出版社,2015.

41. 张敏,主编. 人生第一扣——社会主义核心价值观读本(初中使用本)[M]. 上海:上海交通大学出版社,2015.

42. 田鹏颖. 社会主义核心价值观七论[M]. 北京:社会科学文献出版社,2015.

43. 张文树. 价值论视阈中的社会主义核心价值观研究[M]. 上海:上海大学出版社,2015.

44. 徐东升. 基于沂蒙精神育人的社会主义核心价值观教育研究[M]. 济南:山东人民出版社,2015.

45. 中国特色社会主义研究杂志社,编. 坚守我们的核心价值体系和核心价值观:中国特色社会主义研究文选(2012—2015)[M]. 北京:中国人民大学出版社,2015.

46. 郭建宁,主编. 民族复兴的价值支撑——社会主义核心价值观研究[M]. 北京:高等教育出版社,2015.

47. 郑文范. 五维契合:社会主义核心价值观与中国特色社会主义理论关系研究[M]. 北京:社会科学文献出版社,2015.

48. 李江源. 社会主义核心价值观:历史与现实[M]. 重庆:重庆出版社,2015.

49. 任者春,郭玉锋,主编. 社会主义核心价值观践行论——以齐鲁文化为视域[M]. 济南:山东人民出版社,2015.

50. 江畅. 论当代中国价值观[M]. 北京:科学出版社,2016.

51. 张海防. 研究生社会主义核心价值观认同现状及对策研究[M]. 北京:光明日报出版社,2016.

52. 王慧. 我国主流媒体社会主义核心价值观舆论场建设研究[M]. 北京:社会科学文献出版社,2016.

53. 钟永圣. 传承与复兴:社会主义核心价值观的中华传统文化解读[M]. 北京:中国青年出版社,2015.

54. [美]塞缪尔·亨廷顿,劳伦斯·哈里森,编. 文化的重要作用:价值观如何影响人类进步. 程克雄,译. 北京:新华出版社,2010.

后　记

当2017年新年的钟声即将敲响之际，《我们的核心价值观》丛书终于完成了。可以说，这套丛书是伴随着2016年年终的脚步画上句号的。

“革命理想高于天。”2016年5月，习近平总书记在哲学社会科学工作座谈会上的讲话中说：“新形势下，我国哲学社会科学地位更加重要、任务更加繁重。面对社会思想观念和价值取向日趋活跃、主流和非主流同时并存、社会思潮纷纭激荡的新形势，如何巩固马克思主义在意识形态领域的指导地位，培育和践行社会主义核心价值观，巩固全党全国各族人民团结奋斗的共同思想基础，迫切需要哲学社会科学更好发挥作用。”当《我们的核心价值观》丛书即将付梓之际，重温总书记的讲话，我们倍感亲切，深受鼓舞；回顾一年来的写作历程，心潮波澜起伏，久久不能平静。

2015年秋季的某一天，我们接到黄山书社马磊同志的电话，说是在中国社会科学杂志社副总编辑、《历史研究》主编、中国社会科学网总编辑李红岩研究员的极力推荐下，希望由我们主编一套关于阐述社会主义核心价值观的丛书。具体要求是根据党的十八大以来形势的新发展，以习近平总书记系列重要讲话精神为指导，站在时代的制高点上，写出具有新的时代特点的通俗理论读物，且具有较高质量和水平。当时，赵智奎研究员感到很为难。因为他知道，撰写通俗理论读物往往是吃力又费时的差事。这不仅需要作者具有轻松驾驭文字的能力，更主要的是能将复杂深奥甚至是晦涩的理论深入浅出地表达出来，通俗易懂、便于理解。而后者，没有相当的理论功力，是很难做到的。往往初始信心满满，结果却不尽如人意。就在他考虑婉拒之时，李红岩研究员的电话打来了。他说了一些关于学术理论界研究和阐述中国特色社会主义理想信念和社会思潮的状况，特别提到撰写社会主义核心价值观通俗读本的重要现实意义。

我们都被李红岩研究员感动了。不单是因为那些鼓励的话语，更重要的是因为他那马克思主义史学专家的胸怀和担当精神。我们作为马克思主义专业理论工作者，理所当然地都要学习和拥有这种担当精神！于是，我们接受了这项任务，赵智奎研究员与在中国社会科学院工作和学习的3位青年学者成立了一个撰写社会主义核心价值观丛书的小组。赵智奎任丛书主编,撰写《总论篇》和丛书总序;齐冰撰写《国家篇》;郑建撰写《社会篇》;王永磊撰写《公民篇》。

众所周知,多年以来,围绕“社会主义核心价值体系”和“社会主义核心价值观”,思想理论界推出的成果并不少。那么,在众多成果中,我们这套丛书的特点与亮点又体现在哪里呢? 依照设计,我们将习近平总书记系列重要讲话精神作为本书的指导思想,力图结合十八大以来以习近平同志为核心的党中央治国理政的新理念新思想新战略,对社会主义核心价值观进行具有新的时代特点与高度的系统阐释。这就是我们希望本丛书能够达到和具有的特点与亮点。

“一分耕耘一分收获”,“功夫不负有心人”。一年来,在中国社会科学院马克思主义研究院和中国社会科学杂志社的大力支持和帮助下,我们撰写小组齐心协力,在比较充分占有资料的基础上,当然也是站在该领域许多专家学者的肩上,汲取了他们的学术成果和宝贵经验,经过多次讨论,数易其稿,终于完成了丛书写作任务。

这里,我们要再次特别感谢李红岩研究员,没有他的支持和鼓励,这套丛书是很难顺利完成的。我们还要感谢中宣部思想政治工作研究所副所长戴木才研究员、清华大学马克思主义学院副院长肖贵清教授、北京大学马克思主义学院原院长郭建宁教授、安徽出版集团林清发总编辑，感谢他们审阅全书并提出宝贵的修改意见。我们也要感谢黄山书社的副社长马磊同志、编辑高杨同志，感谢他们不辞辛苦，多次往返于北京和安徽两地，还搜集了许多出版物和资料寄给撰写小组作参考，使我们受益良多。

诚然，我们深知本丛书一定还存在着某些不足。我们热切地期待广大读者的反馈，希望倾听到理论界专家和学者的批评指正。最后，让我们共同为培育和宣传社会主义核心价值观做好本职工作；理论联系实际，结合世情、国情、党情特别是改革开放活生生的伟大实践，通俗地阐述社会主义核心价值观，脚踏实地践行社会主义核心价值观，努力贡献我们的全部力量！

赵智奎　齐冰　郑建　王永磊

2016 年 12 月 30 日于北京